「もの」と「疎外」

津田雅夫
TSUDA Masao

文理閣

「もの」と「疎外」

目次

「もの」と「疎外」

「もの」と「疎外」

第一章　〈疎外〉について

（一）疎外論の再検討

以下のエッセイは、拙著（『「もの」の思想――その思想史的考察』二〇一一年）への補遺であり、同時に新たな展開への試みである。前著では、「もの」が「存在」ではなく、「文脈的な在り方」として捉えられることを指摘し、西洋存在論とは位相を異にする所以を強調した。その主張の眼目は、たんに日本思想の特殊性や独自性を際立たせるためではなく、むしろ西洋由来の「哲学」を改めて学び、吸収するための固有の思想基盤を明確にすることが目ざされていた。

こうした「哲学」の再学習は多岐にわたるが、とりわけ、「もの」の〈両義性〉に関わって、疎外論との関係が注目されることを示唆しておいた。そこで本稿では、この「疎外論」との関係について、その解明の具体的な端緒を探りたい。目ざすところは、〈疎外の発想〉を日本の思想伝統のなかに確認することである。なぜなら疎外論には、「もの」の両義性をさらに活性化・動態化させるための有意味な契機を孕んでいると考えるからである。

疎外論という否定の語法で語られてきた発想には、「もの」の思想との関わりで興味深い交錯を示すように思われる。もちろん疎外論だけを恣意的に西洋哲学の文脈から切り取り、無媒介に「もの」の思想に接合することはできない。それぞれの思想背景を明確にしながら、改めてその関係を問い直すことが求められている。それは疎外論として語られてきた内容自体を再検討することである。これまで疎外論について多く語られながら、しかし思想的に定着せず、むしろ忘れられたのは、その主たる要因の一つとして、疎外論への批判的な検討が乏しく、その理解についての問い直しが欠落していたことに拠るのではないのか。

ここで西洋哲学の導入とともに始まった「弁証法」の理解をめぐる長い取り組みや努力が、すぐさま想起される。たしかに、その試行錯誤は貴重な試みとして評価されなければならない。にもかかわらず、いまだその論理や発想が定着・受容されたとは、とても言えない状況にある。むしろ「弁証法」という言葉は詭弁として、もしくは、事態をただ曖昧にさせる用語として、その使用は忌避され、敬遠されるようになる。いったいなぜなのか。そして「弁証法」の受容をめぐる不幸な歴史は、そのまま疎外論の理解に暗い影を落とすことになる。

他方では、日本における過去の思想家について、その個々の思想の「弁証法」的な性格や契機が、しばしば個別に指摘される。しかし、その内容についての解明は、内在的な一貫した性格を持っていない。それは「西洋哲学」の用語でする外部からの恣意的・偶然的な説明であり、たんに弁証法の威光を借りたものでしかない。弁証法や疎外論に見られる、こうした外在的な指摘と、それゆえの忘却とのうちに、今日の思想史研究の停滞が語られなければならない。

　それでは他方、どのようにして疎外論の思想的定着が可能なのであろうか。まず、「弁証法」という用語については、しばらく傍らに置いておく。それは解明すべき論点を余りにも拡散させてしまう。また、「疎外」および「物象化」をさしあたり交換可能な広い概念として用いる。すなわち、この二つの概念の関係をめぐる激しい論争史も横に置いておきたい。なぜならそれは、議論すべき論点を曖昧にし、検討を横道に入らせることになるからである。

　こうした諸前提のもと、ここで取り得る道は、疎外論を自明な言説とせず、批判的・懐疑的な検討であるほかはない。それは従来の疎外論への〈否定〉から始まる。疎外論を自明とせず、その名称の下で語られてきた内実そのものを疑うことから始まる。すなわち、思想出自を異にした疎外的な発想についての偶発的な言説として、その自明性を突き崩すことが必要である。従来の疎外論への批判的吟味が、まずなされなければならない。

(二)「主体」について

最初に「主体」をめぐる混乱について、予め注意を促しておきたい。なぜなら、このことに言及をするのは、疎外論に関わる説明を始めた途端に、その議論を紛糾させる主たる要因であるからである。疎外論の問題構成において、ある〈主体的なもの〉が基軸として関与せざるをえない。そして、「主体(主観)」の用語は、既に日常語としても使用され、一定の市民権を得ている。しかしこのことが、定着という事態とは裏腹に(もしくは相即して)、不幸なことに、むしろ混乱を招いている。

そしてこの思想的な混乱は、ヘーゲルのいうような bekannt(熟知)と erkannt(学知)との区別や関係とは異なる事態にある。たしかにヘーゲルにおいては、「熟知」から「学知」への深化・転換を語ることができた。その限りで、両者は幸福(=「弁証法」的)な結合関係にある。しかし、こうした結合は唯一・自明な関係ではない。それはヘーゲルの哲学体系の中での話である。

こうした幸福な結合の想定は、いったん解体されなければならない。そしてこの放棄は、新たな議論の出発点、もしくは、可能な論議世界をもたらしてくれる。「熟知」は多様・多彩である。そしてその〈在り方〉は、必ずしも「学知」へと向かわない。むしろ、こうした「学知」をも可能とする包摂的な境位そのものが、まず明確にされなければならない。視点を変えれば、「学知」は偶然である。諸科学を含む「学知」の客観性は、歴史的・社会的な、さらに自然的な文脈のなかで、さまざまな様相において現れる。そして多様な併存は、可能的で偶発的な事柄として、たんに不幸な出来事ではなく、むしろ新たな転回を生むかもしれない。しかしまず、それらの区別と承認とが必要である。

ここで、こうした「熟知」の一例として持ち出すのは、日本語における指示代名詞としての「主語（＝私）」についてである。改めて確認すれば、それは「主体（主観）」の問題性と、そのまま接続しないということである。日本語論において、「主語」の問題はきわめて厄介な事柄である。しかし同時に、「主語」の可否や妥当性をめぐる論争は、すぐさま「主体（主観）」をめぐる問題に飛び火してくる。まず、この二つの問題次元を区別しなければならない。

〈日本語〉と〈思想〉との関わりをめぐっては、既に多くの優れた考察がなされてきた。そして有用・適切な知見が集められている。しかし、われわれは少し用心深くならなければならない。根本には〈思想〉と〈言語〉に関わる事柄であるが、とりわけ日本語特殊論から日本思想の特性を論ずるスタイルが、これまで多かったように思われる。言語の分析がそのまま（無媒介に）思想の解明に繋がる格好の事例を、まさに日本語が提供してきたようにみえる。日本語の特性（なるもの）が、そのまま日本思想の在り方に結び付けられていく。

たしかに話題は、集約して言えば、この「主語」をめぐる日本語、およびその言語使用に関わる古くて新しい問題である。しかし、ここで取り扱うのは、そうした「主語」をめぐる長い論争ではない。ここはすこし説明を要する。われわれが考えようとしているのは、「主語」をめぐる日本語もしくは文法論の事柄ではない。むしろこの「主語（＝私）」についての考察も一つの手がかりとしながら、疎外論の言説を構成している〈主体的なもの〉もしくは〈主観的なもの〉についての思想的な探求を進めてみたいのである。微妙に交錯するが、この区別と連関が重要である。

要するに、目的はあくまで疎外論なのであって、その入り口となる最初の考察が日本語の「主語（＝私）」をめぐる問題である。それゆえ、「主体（主観）」をめぐる存在論的問題も、また、「主語」をめぐる言語学的・日本語論的な話題も、そのものとしては傍らに置いたところから、あくまでも疎外論的問題構成を考察の対象として、論議は始まることになる。

ここでの疎外論の考察は、言葉のなかに言葉にならないものを〈手探り〉する道である。明確に言語表現された概念化を疑い、むしろその規定を曖昧化させるだけのように思われるかもしれない。しかし、「こと（言葉）」の前に、既にさまざまな「もの」が蠢いているのである。この「もの」の在り方を探るなかで、「こと」としての「疎外」ではなく、「もの」の次元における〈疎外的なもの〉の所在を確かめるところから検討は始まる。

(三)〈私〉とは

こうした前提的な事情に言及するのは、そもそも問題が錯綜し、（もしくは逆に）単純化されているからである。できる限り、事柄に即した形で課題に接近したいのである。しかし、落とし穴は至る所にある。日本語を手がかりにしようとした瞬間に、既に迷路が生じている。「主体（主観）」という定着した（と見える）日常語を取り上げようとするとき、この言葉は、すぐさま変容し、むしろ怪しげな用語と化す。その意味や所在についても確定しない。ただ、その言語使用の背後に、茫漠とした曖昧な〈私〉の影が揺曳するのみである。

単語は文脈のなかでしか意味確定しないが、しかし「主観」や「私」という言葉を文脈に応じて、また、場面に即して捉えようと試みるとき、その確定は容易ではない。なぜならそれは、たんに使用される文脈や場面が多種多様であるということに尽くされない契機を孕むからである。「私」という日本語が、そもそも曖昧で鵺的なのであり、文脈的定義の試みをすり抜けていく。

　先回りして言えば、日本語の世界のなかで、端的に〈私〉を問うことは不可能なのではないのか。せいぜい、〈私というもの〉について語り得るだけではないのか。「もの」という漠然と対象を指示する「便利な言葉」（藤井貞和）を日本人が見出して以来、古来、「私」は漠と「もの」のなかに入れられてきたのである。主語をめぐる論争は、ある意味で、不毛である。なぜなら「私」とは、ある状況や場面のなかで、ある役割や社会的文脈において、特定の身体を具して、それらと感応しながら、さまざまなレベルの意識作用を伴う、或る振る舞い方のなかで、ただ偶発的に「ある」としか言えない「もの」であるからである。

　〈私〉から〈私というもの〉への、こうした問いの根本的変更は、さしあたり一種の方法論的な還元のように思われるかもしれない。しかしこの「還元」は、存在論的な性格のものではない。なぜならこの変更は、そもそもそうした存在論的な次元を構成しないからである。しかし同時にまた、この変更は、ほとんど不可避の要請であり、必要な手続きのように思われる。なぜなら、こうした変換の操作を経ないと、「私」をめぐる日本語の世界に、そもそも入っていけないからである。

すなわち、「私というもの」が既にあるわけではない。むしろ「或るもの」として、はじめて「私」は日本の言語・思想のなかに滑り込んでいくことが可能となる。ここで語ろうとする〈変換〉とは、ただの「もの」を、まさに「或るもの」とさせる操作に他ならない。

さらにそれだけではない。こうした変更操作に言及するのは、そのことが「主体（主語）」をめぐる誤解の発生を阻止する防波堤の役割を果たしてくれるからである。デカルトからヘーゲルに至る近代西洋哲学の基本カテゴリーとしての subject について、それとの関わりで生ずる異種交配の問題性は後に論ずる。ここで指摘しておきたいのは、この問題性が、本来の思想課題そのものを覆い隠す結果になったのではないのかという疑惑である。近代日本の「哲学」と「主体としての私」とをめぐる果てしなき論争や議論は、この混乱を示唆しているのではないのか。

そしてその結果として、今、われわれの日常語としての「私」や「主観」という言葉の空疎さがある。それはいかに生きた具体的な文脈のなかで捉えようとしても、その手から逃れてしまう。さらに、より重要なことは、〈私〉についてより自覚的であろうとする重要な試みを応援するのではなく、むしろ探究を断念もしくは放棄させる役割を果たしているのではないのか。

〈私〉についての考察を意味あらしめるために、「私というもの」への自覚的な変更が要請される所以である。

そこで以下、この変更そのものの意義について、具体的な論述のなかで検討することにする。そして同時に、〈疎外的なもの〉を理解するための指針もしくはヒントについて考えたい。

(四)「もの」とは何か

回り道をしたが、ようやく「もの」の世界のなかで、「私」について考えることになった。そこでまず、その一例として、「ものになる」もしくは「ものとなる」という言明の意義についての考察から始めることにする。まったく恣意的な取り上げのように思われるが、しかし同時に、この言明の両義性とその意義・重要性については、すぐさま了解されるであろう。ここにおいて、肯定・否定の両面性が明らかである。そしてさらに、この逆説的な言明が、〈疎外的なもの〉の接近に役立つことも予感されるのではないだろうか。

一方では、この言明は、まず徹底して否定的な意味において使用される。ここでは「ひと」は、「ひと」として認められず、ただの「もの」としてでしか認められない。「ひと」として取り扱われない。ここでの「ひと」は、「ひと」としてのあらゆる属性を剥奪された「もの」であり、「ひと」の徹底した蔑称としてある。「私というもの」は、ここまで貶められることになる。

　何故にそれが可能なのであろうか。言うまでもなく、〈私〉が「もの」であるからである。まさに「もの」であるが故に、〈私〉は「ひと」と見なされず、「もの」扱いをされるのである。また、「もの」として取り扱うことが可能なのである。もし「ひと」が「もの」でなければ、そうした処遇も不可能であろう。しかし、「ひと」は端的に「もの」であって、それ以外の何物でも無い。このことは、きわめて厳しい〈在り方〉において〈私〉であることを意味している。

　「もの」扱いとは、ただ「ひと」がたんに「もの」と化すのではない。それは「ひと」が「もの」であることを否定しようとすることであって、そうした否定は不可能である。それでは、もはや「ひと」は「ひと」であることそのことも亡くしてしまう。「ひと」が「もの」であることの無限の可能性を葬ってしまうことであり、「ひと」は「ひと」でなくなってしまう。すなわち「もの」と化すということは、「或るもの」を「或るもの」たらしめている契機の抹殺であって、その限りで、無規定な内実の無い「ただのもの」とすることにある。

現実の歴史的・社会的な差別において、「もの」はその否定の作用を存分に発揮する。「ひと」が実際に「もの」であればこそ、「ひと」は「ひと」を差別することが現実的にできるのである。この場合、「もの」は差別の可能性を根拠づける。現実の厳しい差別を、まさに差別として〈現実的〉ならしめる可能性の根拠こそ、この「もの」にある。「もの」とは、たんに空疎な言葉なのではない。何よりも差別をその酷烈さにおいて示す根拠である。「人でなし」の用語は、空疎で無内容な言葉なのではない。ただの「もの」として具体的に傷つけ、排除し、拘束することによって、はじめて「ひと」は現実的に「人でなし」になるのである。「もの」でない「ひと」について、差別・抑圧することはできない。

ここにおいて、「ひと」の「もの」性は、その否定的側面においてきわめて明白になる。「ひと」が「もの」であることは、まず、この〈否定〉の側面において顕著である。「ひと」が「もの」であることの否定性に関わって、ここで「無常」の問題に少し触れておきたい。

「もの」と「無常」との親近性や連関性については、すぐさま予感されるところであろう。そこを少し考えてみたい。「無常」とは、たんに移ろい行くはかなさや、主観的な無常観といったレベルに止まらない深みを持つ。その深みは、いったいどこに由来するのであろうか。無常がたんに主観的な性格に尽きないことは、日々の暮らしにおいて、その日常性の底部において、痛切に経験されるところである。それは無常の深淵といってよい。その深みを推し量ることは、ほとんど不可能である。喜びや悲しみを突き抜けたところに「無常」がある。禅的な表現を使えば、〈無底の底〉とも名づけられよう。それは、喜びや悲しみが交錯する日常性の深部をなしている。そして一人一人の「ひと」は、この無常の底部を深く宿して生きている。

しかし同時に指摘すべきは、この無常を意識することにおいて、悟達といったような特殊な努力を要しないことである。日常と非日常とが織り成す〈網の目〉、文脈としての無常、この時空を超えた推移と終わりについてのセンス（感受）は、たんに主観的なものではなく、なによりもコモンセンス（共通感覚）である。そして、このコモンであることの根拠としての「もの」が、ここでの話題である。なぜならコモンとは、恣意的な契約や約束事にのみ基礎づけることはできないからである。また、たとえば間主観性といったものに求めるにせよ、さらにその基礎づけが問われよう。いずれにせよ、それでは主観性のなかで堂々巡りをすることになる。

まず、発想の転換が求められる。まさに「無常」を介してわれわれは、自らが「もの」であることを、程度の差こそあれ、感受し「直観」させられるのである。「もの」と「直観」はズレを含みながら相即する（ズレの意義については後に論ずる）。そして、この「もの」としての直観において、すぐさまコモンは根拠づけられる。その根拠づけは、無媒介で同時的である。

「もの」は変化する〈文脈的な在り方〉において、「すぢ（＝筋・条）」を宿している。コモンの共同性は、この「もの」の「すぢ」に発する。さらに、このコモンの共同性は展開し、より複雑化し自覚的となる。

いずれにせよ、「もの」がその否定性において捉えられるとき、この「無常」の問題と密接に関わる。「もの」とは、なによりも文脈的な在り方として捉えられた。当然、「もの」とは推移・変化の過程を核心とする。この「もの」の推移・変化が、「もの」の本来的な在り方であって、個別主観的なものでないことは明らかであろう。そしてまた、「もの」が「もの」であることにおいて、たんに間主観的なレベルで捉えられる事柄でないことは、「もの」がこうした〈主観・客観の図式〉とは別なる次元で働いている在り方であることから理解されよう。

重要なことは、われわれが「ひと」を「もの」として捉えることにおいて、まさに「無常」が媒介的な役割を果たしていることである。そこで、この「無常」の媒介的役割がどの程度、普遍的な性格を有するものであるのかについて考えてみなければならない。「無常」とは、ただネガティブなものなのか。

(五)「ものになる」とは何か

そこで次に、肯定の側面から見てみよう。「ものになる」もしくは「ものとなる」という言明の意義について考えるとき、この言明の肯定的側面については、これも既に明らかであるように思える。われわれが「ひと」になるのは、まさに「もの」になるからである。「ものになる」のかどうかは、まさに決定的である。われわれのあらゆる遂行の行為について有意味に語れるのは、この「ものになる」のかどうかである。そこにおいて、遂行の意義が明白になる。

例を持ち出すまでもないが、たとえば、特定の外国語の学習において、「ものになる」のかどうかが問われる。そのさい、その外国語の習得において一定程度において使いこなす段階に達したとき、われわれは「ものになる」と評する。「ものになる」のかどうかは、ある段階を画することであって、けっして曖昧模糊とした過程ではない。それは厳密に段階的な程度を表すものであり、質的相違を明確に示すものである。ある特定の在り方が確然と記されたことを、有無を言わさず物語っている。主観的な思い込みは、ここでは厳しく排除される。あくまでも「ものがいう」のである。

同様なことは、学習の場合だけでなく、あらゆる生活行為についても言えるであろう。行為は、その意図だけではなく、また、たんに結果だけの問題にも尽きない。行為論に立ち入る必要はないが、行為とは、ある達成にいたる複雑な文脈的な過程であり、達成は、その過程と不可分な「もの」として記される。ある達成において、われわれは「ものになる」のであって、まさに「もの」であることにおいて自らを証するのである。

逆に言えば、「ものにならない」場合、ある文脈的な構成に至らずに終わったということであり、ある行為のまったくの不在を意味するのではない。多くの行為が織り成す世界は、そうした構成に至らない無数・無名の行為のうえに、はじめて成り立っているのであり、たんなる無というものはあり得ない。さらに言えば、たとえ有意義な構成に至らなくても、あらゆる行為は世界を構成する「もの」として、この世界に既にして「ある」ことになる。この根本的な「ある」の次元についても、さらに考えてみなければならない。

ここで言及したいことは、「ものになる」と「ものとなる」との興味深い関係についてである。「ものになる」ためには、まずもって「ものとなる」ことができなくてはならない。このことは、われわれが日常の経験で痛切に実感していることであり、周知のことであろう。「もの」となりきることができなければ、たしかに達成は覚束ない。しかし、いったい何故なのであろうか。むしろ達成を阻んでいるのは、同語反復のようであるが、まさに「ひと」が「もの」であるからではないのか。「ひと」は「もの」であることにおいて試される。「もの」であればこそ、その〈もの性〉において問われることになる。

この事態は、まず、「もの」が〈素材〉としての様相において現れることと深く関わっている。素材としての「もの」に親しむためには、自らが「もの」とならなければならない。素材を活かすことは、あらゆる行為の達成において決定的である。素材としての「もの」に触れ、その感触を得ることなしには、すべては始まらない。そして、そこから素材の性質を知り、活かし方を探り、さらに、その可能性の極限を見極めることが求められる。そのために求められることこそ、自らが「ものとなる」ことであり、その直観である。

「もの」であることの直観と、その自覚は、さまざまな程度において、既に先行して立ち上がっている。このことは「ひと」が「もの」であることからして当然のことであろう。「私というもの」は、ほとんど感知されない〈無底の底〉からわき上がってくる。それは無意識以前の基底的な事態である。繰り返して確認すれば、この〈深部〉を抱えていることにおいて、まさに「私というもの」があり、また、「或るもの」としての固有性もある。

しかしまた、この直観や自覚の程度は、じつにさまざまである。ほとんど無自覚な振る舞いがあり、さらに傍若無人の態度がある。そのときわれわれは、「私というもの」の欠如（＝無自覚）を非難する。なぜならそれは、他人を認めることができないからである。他者の認知は、「私というもの」の自覚と相関的である。それゆえ両者は、相互に関連し、展開を辿ることになる。その過程についてでは、ここではしばらく傍らに置いておく。

むしろ、ここで指摘したいのは、「ものとなる」ことの〈在り方〉についてである。たとえば、何かを為そうとするとき、なにがしか我を忘れて没頭することなしに、ある達成に至ることは難しい。我を忘れて、「もの」に即することができなければ、「もの」は語ってくれない。我への執着（＝無自覚）は、この場合、「もの」からの離反となる。「もの」から離反しては、「ものがいう」こともない。「もの」への謙虚さは、「ものとなる」ための第一歩である。

ここで自覚と無自覚とについて、知と無知とについて、その〈逆説的な一致〉を語ることができよう。すべてを忘れることが、よく覚えることである。この逆説的な一致について、それ程の説明は要らない。なぜなら、この一致もまた、われわれの日常の経験において、既によく了解されている事態であるからである。とりわけ〈第二の自然〉としての習慣について少し振り返って反省してみれば、すぐさま気づかれることである。

ある身の〈こなし方〉ができるのは、身体が自然に反応するからである。この自然は習慣であるが、そうした振る舞いが「身につく」までは、ひたすら反復・練習があるのみである。きわめて自覚的な取り組みなしには、その成果は上がらない。しかし、到着点は、その過程を忘れることである。忘れるまでに自覚的に、反復・練習が繰り返される。そして「ものになる」ために求められる自覚的な取り組みは、その達成において忘れられる。

もちろん、ある段階が達成され、習慣と化すとき、それは自然化する。しかし、その自然な自在さは、最初の出発点にはない「もの」である。ただの「もの」であることから「ものになる」ための過程は、「ものとなる」ことで一つのサイクルを画き終えることになるが、その出発点と到達点とは同一ではない。いずれにせよ、「ものになる」ためには「ものとなる」ことが決定的に重要であり、その限りで「もの」から「もの」への、力動的な変化として捉えられる。

かくして、この動的変化が、「ひと」という「もの」において、直観と自覚を主要な契機としながら遂行されることが了解されよう。そしてまた、「私」を「私というもの」として捉えたときに、はじめて〈私〉をより具体的・現実的に理解する可能性についても、少しは示されたのではないかと考える。

（六）〈触発〉の意義

以上、「私というもの」を、自然・身体・社会・意識を一つの「もの」として捉えることが含意する事態について、すなわち、その〈文脈的な在り方〉について、さらにまた、肯定・否定の両面からの両義的性格について瞥見してきた。もちろん最初の簡単なスケッチであり、大まかな方向づけに止まる。これからさらに立ち入って考えていきたい。

最後に以後を展望しながら、とくに両義性をめぐって、「もの」の両義性と〈疎外的なもの〉との関わりについて触れておきたい。「もの」の文脈的な在り方そのものが両義的であることについて、どのように考えればよいのか。肯定・否定をたんに対置するだけでは、「もの」に迫ることはできない。その区別は便宜的である。まさに「もの」は千変万化する。

そのさい重要なことは、「もの」を固定的に見ないことである。当然のことのように思われようが、しかし、分別的な知性にとっては、なかなか難しい課題である。知性をして生きた知性とさせる媒体は、「情」である。知情意の三分法における「情」の基底性や、その媒介性については、既に前著で論究した。

　ここで問われるのは、固定的で分別的な知性とは異なる、情的な生きた知性の涵養であり、そのための工夫についてである。「情的知性」が働く基本的な場面（＝境位）は、「触発」としての直観である。「もの」を文脈的な〈在り方〉と捉えるとき、その関わりは「触発」として具体化される。「触発」は日常の基本的な事態である。しかし、まさに日常的であるが故に、「触発」はそれとして自覚されない。しかし、この「触発」において、〈疎外的なもの〉が立ち上がっているのである。

　かくして重要なことは、この「触発」の日常性についての〈気づき〉への工夫である。「触発」の日常性の故に、こうした工夫が不可欠である。創意工夫なしには、「触発」は、それとしては立ち上がらない。日常性を意識するのは、まさに非日常性である。したがって、その非日常性についての創意・工夫が求められる。ときに多くの文人が旅を住み家とし、歌を詠んだのは、旅や歌は、まさにこうした工夫に属するであろう。たとえば本居宣長が「もののあはれ」の実践として、日々、作歌に励んだことは周知のところである。

　こうした工夫において情的知性は生きた知性として立ち上がり、「触発」を生きることになる。われわれが生きるというのは、まさにこの「触発」を生きるということである。そのための工夫の前提となる態度について、まず考えてみることが必要となる。すなわち、生きた知性にとっての「触発」について、そこに働く〈疎外的なもの〉について問われる。そのために、創意・工夫を可能とする疎外の契機について、「もの」とその〈在り方〉に遡って検討してみなければならない。

第二章　「もの」再説

（一）〈働き〉としての「もの」

「もの」における疎外性について論ずるために、改めて「もの」について、必要な限りで確認しておきたい。「もの作り」や「もの語り」、「もののあわれ」などの基本的な所作の表現において、「もの」が初めに付くことは、いったい何を意味するのか。「もの」が付くことによって、いかなる言説の変化が生じているのか。たんに無意味で過剰な接頭語でないことは、少し思いをめぐらすならば了解されよう。しかし、この予感的な了解を分析し明確にすることは、なかなか困難である。

生じている変化について、さまざまな接近方法や説明の仕方があり得る。ここで述べることは、一つの語り口に過ぎない。「作る」ことや、「語る」こと、さらに「あわれ」を知ることは、すべて、ある「働き」のあったことを示している。これらの「働き」のあったことは確かである。すべてはこれらの「働き」によって織りなされている。

そして、これらの「働き」に「もの」が付されたとき、なにか外部から新たな意味付与が導入されたわけではない。「働き」はあくまで「働き」にすぎない。しかしながら「もの」が付されたとき、なにかその「働き」に言い及んだことが含意されていることは確かである。すなわち、言い及ぶことにおいて「働き」が、それとして具体化され、立ち上がるのである。この〈立ち上がり〉は、外からの作用によるものではない。もとから「働き」に随伴していたことである。

たしかに、この随伴性は自明ではない。さしあたり、ただ「働き」にそれとして付加的に確認されるだけである。この確認は、「働き」と相即している。それは、いわゆる内在主義といったものでなく、むしろ、ただ「働き」に伴うものである。「働き」のあるところに随伴し、「働き」における固有の立ち戻りといった性格を持つ。こうした「働き」に随伴する自己回帰が、「もの」の付与する作用である。注意しておけば、「働き」は「もの」において「言い及ばれる」と述べたが、この場合、もちろん明示的な言説以前の、「働き」に固有な次元での事柄である。

この「働き」に随伴する自己回帰の所在について、見方を変えて考えれば、ある欠落や隙間もしくはズレを埋める復元作用として、一種の〈想像力（構想力）〉が、こうした「働き」に随伴していると考えられないだろうか。それは、たんに主観的なものではなく、あくまで「働き」に即した「もの」の作用である。

かくして多様な「働き」が、それとして立ち上がり、そこに両義的で文脈的な〈在り方〉が生成するには、ズレや隙間に働く復元力があり、こうした復元力に、動的な「欠如としての無」の性格を認めることができよう。ズレや隙間なしには、「もの」の「働き」は現れない。すなわち、「もの」が「働き」であるのは、あくまでズレと回帰との往来としてなのである。そして「もの」が、往来としての立ち戻りであるには、「もの」が「無」を契機とすることも了解されよう。すなわち往来に伴う欠如の基底をなすものとしての復元的な「無」である。

自己回帰の基底として「無」のうえに、「働き」は「もの」となる。「無」なしには、「働き」はズレや隙間としては作動せず、「もの」は「もの」として成り立たない。ある「働き」が文脈を形成する、すなわち、「或るもの」となるのは、このズレや隙間の作動としてなのであり、その限りにおいて、同時に両義的であらざるを得ない。ズレと隙間があればこそ回帰があり、まさに相即である。「無」は、したがって、たんなる空無ではなく、むしろ根底的な変化そのものであり、宇宙に遍漫するものと言ってよい。こうした「変化としての無」については、さらに後に論ずる。

（二）「かたち」について

これまで、「もの」が両義的で文脈的な〈在り方〉であること、さらにまた、「もの」という〈在り方〉を探っていくとき、「もの」を「或るもの」たらしめる基本的な契機として、「働き」におけるズレと回帰が不可欠であり、その基底にある「変化としての無」の所在について述べてきた。

ここで見方を変えて、こうした文脈的な〈在り方〉において、「働く」という作用が形成的であり、ある「かたち」を取るということについて考えてみたい。すなわち、「かたち」の形成という観点から、「もの」であることの意味とその意義について検討したい。「もの」は「かたち」を取ることによって、〈他のもの〉をそれとして映現させ、互いに映し出すことになる。そのことによって、「かたち」ある「もの」として、まさに「或るもの」となる。

まず、この「かたち」の形成をめぐって、「働き」のうちに具わる「すじ（筋・条）」について触れる。「もの」の「働き」におけるズレと回帰において、「働き」はそれぞれ固有の〈傾き〉を示す。この傾向性が顕著になることによって、そこから「すじ」が生ずる。「すじ」とは、したがって、「もの」の外部にあるものではなく、あくまで「もの」の〈在り方〉であり、「或るもの」の不可欠な要件である。

この「もの」を「或るもの」たらしめる「すじ」に着目し、そこに「かたち」の形成を見届けるとき、そこに「論理」の根源が確認できよう。それはまだ、原論理ともいうべきものである。明示的な論理ではなく、いまだ復元力としての想像力の次元でのことである。

ここで関連して、西田幾多郎の「情的把握」に一言しておきたい。西田はこの原論理を捉えるのが「情」に他ならないことを指摘し、また、このことに関わって「情的把握」の核心的意義を強調し、「情の論理」の所在を明らかにしようと試みた。さらに、「私というもの」における「情的把握」の核心的な意義に着目し、その役割や働きを強調した。

たしかに、疎外論の再検討という課題からも、「情の論理」から改めて学ぶべきものがあるであろう。しかしまた、結論的に言えば、西田において、まさに「情」の把握に関わって、ズレや隙間といった違和の契機、さらには〈変化の無〉をめぐって、その根本的な意義の理解が弱かったように思われる。その結果、「無」は包摂的となり、「もの」の関係が順接的となり、逆説的な核心は背景化していくことになった。「絶対的矛盾的自己同一」は、そのまま自己確認に終わった。

議論に戻る。ここで留意すべきは、「或るもの」を「かたち」として捉えるとき、「他のもの」との関わりが前景化するとともに、その〈在り方〉が相互的であることである。両義性や文脈性において、本来的にこうした相互性が生成しているわけであるが、この相互性の確立のうちに「他のもの」との関わりが明確になり、その〈在り方〉において、「かたち」は力動的となる。

いずれ、「かたち」の生成に伴う対立的・敵対的な相互性の発生について考えることになるが、この相互性の変質は重要な転換であり、このことは、「私というもの」の確立と深く関わりながら展開していくことになる。先回りして言えば、「疎外の疎外」という事態の成立であるが、この問題の解明のために、まず「疎外」とは何かを明らかにしようとしているわけである。

「すじ」と「かたち」に触れたので、「もの」と「こと」の関係についても、すこし見当を付けておきたい。問いは「かたち」の成立をめぐって提起された。すなわち、「かたちあるもの」と「かたちないもの」との関わりであり、「言い及ぶ（＝想像力・構想力）」ことによる、前者から後者への移行・推移であった。さらに、相互の関係やその変容が問われた。

「もの」が両義的で文脈的な〈在り方〉として、自ら文脈そのものを曖昧化し、創造・破壊・再生する生成であるとすれば、さしあたりそれ自身は、「形ないもの」である他はない。三木清の言葉を借りれば、形のない「不定のもの」である。その限りで、「ある」とも「ない」とも言えない「或るもの」である。見方を変えて言えば、特定の「かたち」を超えて、絶えず溢れ出るようなものが、まさに「或るもの」だと言えよう。

それゆえ、まず問われるべきは、ある「かたち」の生成についてである。いかにして「かたち」は生じ、さらにそれとして認めることができるのか。この問いは、「こと」の問題に繋がっていく。「ち」（この言葉の語源的・思想史的な説明は傍らに置いておく）という「働き」が、「かたどる（象る・型どる）」ことにおいて「かたち」を生み、「形あるもの」となる。

ここで留意すべきは、「もの」はただの「もの」ではなく、ある「かたち」をした「もの」としてあるとともに、同時にまた、たえず立ち戻りとしての動的な「かたちのないもの」としてあることである。しかし同時に「もの」は、立ち戻りとして、まさに「かたちあるもの」なのである。表現や形成といった作用も、たえず取り消される。「形あるもの」と「形ないもの」とが抽象的に分離されてあるわけではない。

こうした「変化の無」を基底にしながら、「或るもの」はその「かたち」において展開することになる。すなわち、変化する「或るもの」は、「形あるもの」として、まさに「もの」としての〈在り方〉を示すことになる。さらに、この「形あるもの」の展開において、「こと」への推移・移行も展望することができる。しかし、「こと」を論ずるには、まだ幾つかの段階を経なければならない。

改めて確認すれば、この「こと」への推移・移行も両義的で文脈的なものであることである。推移・移行は一方向の関係ではなく、相互的で逆行をも含んだ過程である。もし一方向に捉えてしまえば、すぐさま「関係」を自立化させることになる。そしてそれは、倒錯であり転倒である。こうした転倒的な自立化の局面については、後に考えてみたい。

いずれにせよ、推移・移行の過程が相互的であるとすれば、この「かたち」をめぐる「不定なもの」について、その相互性そのものについて語る仕方について、まず考えてみなければならない。

(三) 構想力について

考察の端緒は、「すじ」が描く「かたち」であった。また、その「もの」の「すじ」の〈論理〉が問われた。注意すべきは、「もの」や「こと」、両義性や文脈性といった表現は既に言説化されているが、「作る」や「語る」や「あわれ」などと同じく、問われているのは言説以前の事柄であり、いわば未成の原言語であり、むしろ言語への胎動を孕んだ表現であることである。換言すれば、「かたち」を生み出す（そして超え出る）「働き」のなかで、ズレと回帰の想像力（構想力）の展開を具象化することが問われている。

「かたち」の生成とは、「もの」の「すじ」に沿って「かたどる」ことであった。「もの」が文脈的で両義的な〈在り方〉として、そのものにおいて「すじ」を描くものであるとすれば、そこに既に軌跡が記されている。しかし同時に、この軌跡の予測は、たえず取り消される。なぜなら、「もの」は「かたどる」ことにおいて自己否定的であり、そこから溢れ出ることにおいて、まさに「もの」であるからである。この「かたどる」ことにおける両義性を、どのように考えるべきか。

「かたどる」ことの両義性は、たしかに「もの」の「すじ」からすれば当然であるが、しかし同時にまた、たんに混沌（カオス）に止まり得ないことを意味している。既に「かたち」が働いている。「かたち」の生成は、「或るもの」の働きそのものであるとともに、他方、「かたちあるもの」として画されている。すなわち、すべての働きにおいて、「もの」は「或るもの」

として、たえず言い及ばれている。

逆に言えば、「もの」が「もの」たり得るのは、「或るもの」として言い及ばれることによってである。この言及は、一見すると、同語反復のように思われるかもしれない。しかしこの同語反復は、たんに空虚な、名目的で形式的なことではない。なぜなら、この反復をして有意味ならしめる文脈性が既に示されているからである。すなわち、文脈が指示する内容が「すじ」として、既に具象的に含意されているからである。すなわち、文脈の提示は、たしかに両義的であるが、同時にまた、その内実は確定的である。

「こと」への移行は、この内実の確定性のうちに展望される。この確定性は、しかし、一方向のものではあり得ない。回帰、すなわち、立ち戻りを含む。すなわち、「こと」の介入的な一方的（さらには暴力的）ではないのである。抑圧的な介入は二次的であり、ここには転倒・倒錯がある。したがって、「もの」と「こと」の相互性が、まず語られなければならない。また、この相互性の局面こそ、両者を時に互換的なものとして使用させる基底をなしている。すなわち、ある「もの」とある「こと」とが交換可能なように見えるのは、両者の相互的な通底性のうちにある。

一見すると、この通底性は融通無碍のように思われるかもしれないが、しかし同時に、決定的である。なぜなら、ここに「こと」への移行が記されているからである。すなわち、「かたどる」による「こと」の確定性は、「もの」の「すじ」に由来し、その溢れる錯綜のうちから、まさに「かたち」は生まれていく。その展開を探らなければならない。

「もの」の「すじ」から生じ、その錯綜から溢れ出る「かたち」は、まさに両義的であらざるを得ない。そして「こと」もまた同様に両義的となる。そして、「こと」への移行が、こうした通底性のうえに、「形あるもの」がそれとして確定されることになる。この確定は画期的なものである。その画期性の由来と意義について、改めて語られなければならない。

「形あるもの」の確定が帯びる画期性は、その「形」そのものにある。なぜなら、「かたち」が、もはやただ「働き」として、ただ相互的な作用としてだけではなく、「形あるもの」として確定されて、はじめて「もの」の〈在り方〉も変容し、具象化されるからである。

そもそも、「もの」という〈在り方〉は、基底をなす〈変化の無〉において、自明で確定的なものでない。そこには想像力（構想力）の巨大な介入があった。不定な「或るもの」から「形あるもの」を生む、この介入の意義が語られなければならない。「形あるもの」を喚起する、根源的な想像力（構想力）の介入をまって、はじめて「もの」の〈世界〉が開示される。すなわち、「或るもの」が「物」に収縮されて、ようやく「もの」の溢れ出る力は「かたち」を取ることになる。

ここで誤解を解くために、この「収縮」と「解放」の関係について言及しておきたい。すなわち、〈収縮による解放〉についての理解である。たしかに、ここには根本的な、ある「捻れ」がある。そして、この「捻れ」によって、「物」は多義的で階層的となる。「或るもの」が「物」に収縮されたとき、「もの」が孕んでいた両義性や文脈性は、いまや「物」の多義性や階層性として解放される。すなわち収縮には、多義性と階層性に向けての解放が含意されている。

そこで、こうした収縮的解放に向けた想像力（構想力）の介入について、その意義が語られなければならない。想像力（構想力）が収縮として生ずることについて、その果たす働きを明確にする必要がある。なぜなら、想像力が収縮であることに、ある意外感を覚えさせるかもしれないからである。想像力の働きは、そのまま拡張・拡大であり、さらに言えば、空想の羽ばたきのようなものではないのか。想像力（構想力）の働きが、そうした拡張や空想の羽ばたきではなく、何故にまず、「収縮」において語られなければならないのか。

その理由は、「かたち」と「物」の説明において、既に示唆されている。拡張や空想の羽ばたきは、むしろ後退的拡散である。すなわちそれは、退行的な現れであり、二次的・副次的な現象である。「作ること」や「語ること」、さらに表現一般において、想像力（構想力）の働きが「収縮」であることは、すこし反省すれば、すぐさま了解されることである。「かたち」を作り、語り出すことにおいて、収縮的な想像力（構想力）が介在していることは、「形あるもの」が、既にその「形」において、雄弁に語っている。

むしろ説明されるべきは、なぜ収縮的な想像力（構想力）が放恣な拡張や空想の羽ばたきに転化するのかである。ある「抑圧」の介在なしには、こうした退行的転化について語ることはできないであろう。しかし、ここではまだ、こうした転化について述べる段階ではない。むしろ確認すべきは、収縮的な想像力（構想力）が、まさに「解放」に向けての働きであるということである。この解放性について、さらに考えてみなければならない。

（四）自然と身体をめぐって

「収縮」が「解放」であることについて、その意味するところを、自然や身体の問題と関わらせて言及しておきたい。もちろん自然や身体の全体が問題になるわけではなく、ただたんに例示的なものである。すなわち、収縮的な想像力（構想力）の働きは、「生きた自然」や「生きた身体」のうちに典型的に見いだされるからである。われわれが「自然に」とか「身についた」といった表現を用いるとき、「或るもの」の〈在り方〉を良く示してくれている。すぐさま分かることは、この自然や身体が、客体化され対象化されたものではないということである。それはまず、「生きられたもの」である。そして、この了解は、自然や身体が、両義的で文脈的な〈在り方〉をしていることを端的に教えてくれている。また、このことは、われわれがその本来的な日常性において、たえず実感していることである。

自然や身体が対象化・客体化されたものでなく、両義的・文脈的であることは、その言葉の使用からも理解される。自然や身体は名詞的であるよりも前に、形容詞的もしくは副詞的な用法において、より具体的にイメージされる。すなわち、「自然な」もしくは「自然に」営まれるものとして、また、「身につき」、「身となって」働くものである。「自然」や「身体」は、まず、「生きられたもの」としての〈在り方〉において捉えられる。「自然」や「身体」は生成であり、それらが対象化され、即自的に問題となるのは、二次的な事柄である。

それゆえ、ここで「自然」や「身体」に言及するのは、その両義性と文脈性が明瞭に示されているからであり、主体・客体や実体・属性といったカテゴリーでは充分に捉えられないことを理解させてくれるからである。「生きた自然」や「生きられた身体」において、本来的な日常性が呼び戻され、その「生きた直覚」（戸坂潤）のうちに、対象化された存在に関する概念的な分析の意義が再審査され、その資格が問い直されることになる。

この呼び戻しにおいて、「自然」と「身体」は、〈変化の無〉のうちに捉え直され、その固定した在り方が揺るがされることになる。すなわち、その自己同一や自存性が揺るがされる仕方でしか、まさに自然的・身体的であり得ない。こうした自然的・身体的な〈在り方〉が、たえず「不定なもの」を孕み、「無」への立ち戻りを、無言のうちに指し示している。

「私というもの」を「自然」や「身体」として捉えることは、それゆえ、いわゆる認識論や存在論の次元を超えた事柄であることを示唆している。しかしまた、この断絶や疑問は、ただ不可知論的な性格を帯びたものではない。むしろ、不可知論的な問いを許さない確たる根拠を指し示すものである。繰り返せば、「もの」としての把握は、こうした不可知論を生じさせないとともに、他方で、独断論の虚妄を断つ健全な懐疑を成り立たせるものである。

(五) 戸坂潤と「自己一身」

最後に、前稿でも少し触れたが、ここで自然と身体の問題とも関わって、戸坂潤の考えに言及しておきたい。とりわけ、日常性の問題に関わる「生きた直覚」に関わる戸坂の指摘は、

〈在り方〉としての「もの」の性格を考えるうえで、参考になるものを含んでいる。

戸坂は戦前の唯物論研究会の有能なリーダーであり、代表的な思想家として知られている。しかし、この位置づけは思想史的に充分なものなのであろうか。たとえば、戸坂がその独自の道徳論を表明したとき、彼の最良の理解者であり、ともに唯物論研究会を牽引していたパートナーともいえる岡邦雄は、その理解に苦しみ、困難さを率直に表明している。他の多くのメンバーにとっても同様であった。多くの場合、適切に理解されないまま、ただ誤解されただけに終わった。

岡邦雄は苦しんだあげく、戸坂のいう「自己一身」の次元を、人間存在の「社会性」と「自然性」との区別のうちに理解しようと試みた（戸坂潤・岡邦雄『道徳論』）。しかし、この区別の理解は誤っていると考えられる。むしろ、この理解の仕方は、三木清の議論を想起させる。すなわち三木は、その宗教論において、宗教を「社会的要素」と「自然的要素」の二つからなるものと捉え、「宗教」の存続の根拠を明らかにしようとした。

すなわち三木によれば、これまでの階級社会において「宗教」は、その自然性が疎外されてあり、本来の在り方においてあるのではない。むしろ宗教は、無階級社会において、階級的な「社会的要素」が止揚された発展段階において、はじめて宗教はその充全な境位にあることができる。

こうした三木の区別は、岡邦雄の戸坂理解においても等しく働いているように思われる。すなわち「自然性」について語ることによって、ある〈本来性の次元〉を示唆もしくは指示することが意図されている。「自然性」と「本来性」とは、微妙に重なりながら交換可能な概念なのである。そしてそこに、まさに誘惑的な落とし穴が設けられている。

しかしながら、戸坂の「自己一身」の理解は、こうした岡や三木の考えるような「自然性」と「本来性」の区別の上に立つものではない。このことを理解するためには、まず、戸坂の「唯物論」の捉え方を確認するところから始めなければならない。彼は自らの「物質」の概念を、プラトンの『ティマイオス』における〈無の質量〉に遡らせる。それは、アリストテレスによって整理された概念枠組みを超えるものである。戸坂はいう――

実は、「プラトンの質量」なるものも単なる無などではないので、却って無限に豊富な、何等かの固定した形相（夫が観念論による存在の概念だ）によっては云い表せないような、もりあふれる存在だったのである。そうすれば、存在が優越的な意味で何故物質と呼ばれなければならぬかが、判って来る筈だ。（「『物質』の哲学的概念について」『唯物論研究』一九三四

年一二月、第二六号、一〇四頁）

「もりあふれる存在」として「物質」を捉えることにおいて、戸坂の「唯物論」は成り立っている。この質量・形相論を超えて「もりあふれる」ことにおいて「物質」概念の核心が示される。彼は「もりあふれる」ことの思想的含意について展開していないことが惜しまれるが、ここで「もの」の思想から改めて考えてみることは可能であろう。すなわち、「もの」は「もの」として固定化・形式化しては捉えられず、たえず「無限に豊富な」文脈を両義的に形成していく。そして、「こと」と化しながらも、その枠組みを崩し溶融させるなかで、「もの」と「こと」の相互性が流動的に形成されていく。

ここで指摘すべきは、こうした「物質」や「唯物論」の理解を前提にしたとき、それではなぜ戸坂が、「自己一身」を軸とした新たな「道徳」を提起しなければならなかったのかである。「もりあふれる存在」は「形成的なもの」として、根源的には収縮的な想像力（構想力）の働きと関わる。「自己一身」のうちには、収縮と解放の二つの側面が含まれる。「道徳」の成立には、この両面が不可欠である。「コモンセンス」という「生きた直覚」として、はじめて「道徳」は可能である。

「唯物論」と「道徳」をめぐる戸坂の思索は、残念ながら充分に展開されずに終わった。推測すれば、戸坂が田辺元の思想を批判的に継承しながら、「物質的実践」と異なる「道徳的実践」への純化を指摘したとき（「田辺哲学の成立」『思想』一九三二年、一二八号）、この指摘は戸坂自身の思想展開にも意義をもったであろう。すなわち、改めて「道徳的実践」の説明が求められたからである。

「純化」された「道徳的実践」をどのように思想的に位置づけるのか、田辺哲学に親近感をもち、その意義を評価する戸坂にとって、彼自身の問いとなったと考えられる。「物質的実践」の一方的な強調によっては解けない課題として、「もりあふれる存在」としての「物質」のうちに「道徳的実践」を適切に位置づける必要が生じてきたのではないのか。

そのとき、「自己一身」という観点は、まさに導きの糸としての役割を果たすことになる。ここには「私というもの」についての戸坂の思索の核心が示されている。繰り返せば、「私というもの」の固有の境位は、「もりあふれる存在」の根源的な想像力（構想力）による収縮による解放にあり、「道徳」は「自己一身」において確立されることになる。

＊　＊　＊

ここではまだ、疎外を考えるための前提について論じるだけに終わってしまった。しかし意図するところは、疎外論をその根本に遡って再検討しなければならないという必要性を明確にすることにある。なぜなら、疎外論の崩壊原因が、その暗黙の自明とされた発想そのもののうちに潜んでいるからである。すなわち、〈本来性〉のドグマを明らかにし、批判的に解明することが求められている。「もの」とその〈在り方〉を考えてきたのは、このドグマをそれとして明確にし、それを突き崩す可能性を考えるためである。

第三章　「本来性」について

（一）疎外論の失墜

「疎外」という言葉は、死語と化して滅びることなく、日常の用語として定着・使用されている。この事実は、一方で、疎外という言葉が指示する意味があることを予期させるものであり、たんに内容のない空疎な言葉でないことを示唆している。しかし他方、疎外という概念がわれわれの思想世界に着実に確立されているのかという疑念については、留保されたままである。

疎外の概念が自前の思想語として確立されているのかと端的に問えば、いまだ成立していないと答えざるを得ない状況である。むしろ、哲学概念と日常語との落差に改めて驚くほどである。多くの用語について、そうした事情は多少ともあるが、しかし疎外については、そのコントラストが顕著である。なぜそのような事態になってしまったのか。日常用語として頻繁に使用されながら、独自の思想的文脈の形成においては失敗しているというのが現状である。その失敗の経緯について、もうすこし丁寧に考えてみなければならない。

いくつかの理由が挙げられよう。根本には、疎外（論）の導入における思想的な失敗があるのではないのか。とりわけ疎外をめぐる議論において、疎外概念をポジティブに受け止める思想基盤の形成において脆弱であったことを反省しなければならない。すなわち疎外を表層的に捉えるならば、すぐさま疎遠・離反といったネガティブな意義において、生成する事態を拒絶・否定するための概念として、たんに非難の言葉として受け止められることになる。

その結果、疎外は、そのまま解消されるべき事柄として、形式的に「止揚」される事態を指示することになる。なぜなら、止揚における媒介の具体的な内実が問われないとき、止揚はすぐさま形式論理と化し、無内容な形式的操作もしくは手続きに帰着する他にないからである。かくして疎外論は、抽象的な本来性をめぐる不毛な議論と化してしまったのではないのか。本来性への問いが、たとえ特定の思想状況において、有意味な将来構想や社会運動に結びつくとしても、しかしそのことは、疎外の「弁証法」が適切・有効に働いたことを証明するものではない。

疎外論はそもそも本来性のカテゴリーを要請するものであるのか、改めて考えてみる必要がある。疎外が本来性からの離反・譲渡による〈不自然〉で〈非人間的〉な事態の現出であると捉えるならば、そこに「批判」の契機を認めることはできよう。また、「批判」は否定の運動として、現実を糾弾し、その変革を求めることになろう。さらに、回帰への否定の運動は自らの内に、そのための運動エネルギーを既に持っていることになる。変革の主体は整っている。

疎外と本来性とが相即するものであるとすれば、そこからいかなる思想的な帰結が生じるのか。反対の場合も同様である。本来性のない疎外といったことが考えられるのであろうか。いずれの場合であれ、疎外と本来性とは不可分のものとして捉えられ、そのうえでの対立である。これまで、こうした理解の基盤のうえに「革命」と「反抗」との対立が位置づけられ、論じられてきた。その結果、一方で、疎外の止揚に向けての、「革命」における目的遂行の組織的発展が語られ、他方、本来性を拒絶する「反抗」の不条理な行為によって、疎外の無効性をめぐって、実存的・アウトサイダー的に問われることになった。

すなわち一方で、民衆や大衆や国民や組織や運動などの疎外克服の試みがあり、他方、余計者や実存的個人や「非国民」などのアウトローによる疎外拒絶の絶望的な投企があり、それらがさまざまな社会的次元で交錯・対立しながら、歴史的な展開を描くことになった。かくして、こうした社会的・歴史的な展望のもとに疎外論が成立し、本来性をめぐる議論（本来性の不在も含めて）は自明視され、疎外論の核心に位置する意義を付与されることになった。

本来的な事態からの離反や譲渡としての疎外の議論が、それとして充分な歴史的・思想的な意義を持ったことは、これを認めなければならない。たしかに、疎外について熱い議論が交わされた時期も、しかしまた同時に、醒めた冷ややかな時期も、いずれにおいても疎外が日常的に意識されていたことは、疎外の言葉が一定程度、社会的・思想的に定着したことを示唆している。われわれが「疎外」という事態に何らかの反応性を持っていることは予感される。そしてこのことは、われわれの議論の前提をなすものとしての意義を有する。

（二）本来性について

こうした従来の疎外論の意義を認めながら、しかしまた、そこに留まっていてよいのかという疑問が、やはり起こってくる。離反・譲渡としての本来性喪失のテーゼは、それ自体がやはり、歴史的・社会的である。ここでは、そうした思想的背景について思い巡らすことが重要であり、さらに、そうした考察を強いている要因そのものについて考えてみることが必要である。われわれの議論は無前提の架空の考察なのではない。歴史的・思想的な負荷を深く担っている。

そして今、その帰趨や精算が迫られているのである。

本来性の問題が、離反・譲渡としての疎外論の理論構成のうちに、〈力動的〉な性格を導入したことは、確かであろう。本来性のテーゼは、否定の運動に「批判」という強力な思想的エネルギーに満ちた性格を付与することになった。こうした否定の運動が現実に生じたことは、社会的・歴史的にも思想的にも重要なことである。そして否定の運動が「弁証法」としての歴史展開にとって核心的な意義を有することは、改めて確認するまでもない。

しかしながら、そのことによって蔽われ見えなくされてしまった側面について、今、改めて考えてみる必要はないのか。本来性の問題が力動的性格を帯び、疎外論がその輝きを増すとき、その眩さのなかで、同時にその分だけ、光の影の部分は隠されて不可視の領域に追いやられてしまったのではないのか。力動的な本来性の運動が、その運動エネルギーを増すとき、すべて「社会的なもの」は、その運動の渦のなかに巻き込まれていく。そのとき、社会的なもの（自己言及的な了解も含めて）において、ある根本の変質がもたらされてはいないのか。

「社会的なもの」が本来性の運動の中に取り込まれていくとき、変質し見失われていくものとは、それでは何なのか。本来性の上に成り立つ否定の運動は、いったい無制約な営みなのであろうか。非本来性を摘発し否定することに無制約であることは、はたして可能であり、また、許容できることであろうか。この問いを出すとき、われわれはためらいを覚えないであろうか。このためらいは、無制約であることによる「社会的なもの」の欠損にたいする危惧に発するであろう。それでは何が欠損するのであろうか。「社会的なもの」が、なんらかの程度において「人の繋がり」としての相互依存と自己言及性に基づく、きわめて危うい負荷的な関係性において成立するものであるとすれば（この想定の論理的根拠については、ここでは暫く置く。「もの」についての前章までの考察で、一定程度、既に示唆したところである）、この〈関係の場〉の存立が、まさに「社会的なもの」そのものの前提となる。

〈関係の場〉そのものについて論ずることは、ここでの話題ではない。要するに、関係の場は、一義的に確定されず、たえず両義的であり文脈形成的である。そして、この両義的な場の自己生成において、まさに人の繋がりがある。もしこの前提を踏まえるならば、「社会的なもの」の欠損にたいする（その危惧にたいする）ある種の説明を行うことができる。すなわち、場の損傷である。非本来性を摘発し否定することに無制約であることが、それでは何故に場の損傷となるのか。

自己否定一般と、ここでの「力動的な本来性」による自己否定の運動とを比べてみよう。後者において自己敵対的な性格が明確になり、深まっていることが分かる。この深化はどこに向かうのか。自己が自己であることが、より困難になっていく。言い換えれば、自己の否定と肯定とが共存することが、より難しくなっている。すなわちある地点で、肯定と否定との共存的な自己生成の発展が困難になり、自己維持ができず自己壊滅的で自己破壊的となる。

生きて（生活して）いることが、端的に場の形成であるとすれば、「力動的な本来性」による自己否定の運動は、場そのものの破壊という性格をもつ。疎外の概念をこうした運動に解消するとき、疎外論がその理論構成において、いずれ困難に陥るであろうことは予測しうることである。疎外論の構想を受け継ごうとするとき、疎外の見直しが求められる所以である。

（三）プロセスとしての疎外

疎外の概念を「力動的な本来性」から切り離して、新しい意味付与を試みようとするとき、それではどこから着手すれば良いのか。それは疎外（論）の生成のプロセスに再び立ち戻ることから始まるであろう。既成の枠組みを外して、自己生成のプロセスのうちに、改めて疎外の営みを注視することである。そこに本来性の志向とは異なる位相における疎外の有り様といったものが認められないであろうか。単純化を恐れずに敢えて言えば、本来性の志向といったものは、〈疎外の疎外〉であろう。二次的な疎外である。それゆえ、むしろそうした志向が立ち上がるまえの、疎外の在り方を思い浮かべることが必要である。

〈疎外の疎外〉以前の、疎外に先行する疎外、プロセスとしての疎外、生きられた疎外とは、それではいかなるものなのか。一見、きわめて困難な作業のように見えるかもしれない。しかしながら、場の生成のうちに疎外を適切に位置づけることは、それほど難しい不合理な推論だとは思えない。なぜなら、これまで既に示唆したように、なによりも「場」が両義的・文脈的な在り方、すなわち「もの」であるとすれば、この場の在り方そのもののうちに、生きられたプロセスとしての疎外を位置づけることは充分に可能と考えられるからである。

そのとき疎外とは、両義性・文脈性を担保する本質的な契機として捉え直されることになる。「社会的なもの」はたんに一個の超越的なメカニズムなのではない。さらにまた、たんに有機的・調和的に生成するものでもない。すなわち、自動的なものではないのである。個と全体との関わりそのものを問う視点が新たに求められる。「社会的なもの」の場としての「もの」において、その在り方の両義性・文脈性を指示しているのが、まさに疎外なのである。それは疎外についてのパラダイム変換である。この変換なしには、疎外論の存続は難しい。

疎外は、それゆえ、「もの」の〈在り方〉の核心を示す。核心が疎外であるということは、したがって、疎外が非本来的で例外的な事態ではないということである。むしろ疎外は、日常性そのものである。非日常性として疎外を捉えることは、疎外の核心的事態を逸することになる。そして、そのような疎外理解の最たるものが、「力動的な本来性」としての疎外の把握であったのではないのか。

本来性とは疎外の疎外である。それゆえ日常性としての、生きられたプロセスとしての疎外が、抽象を強要されて否定されるとき、はじめて本来性の疎外は浮上することになる。抽象の強要はいかにして立ち上がり、作動するのであろうか。この強要の成立は、疎外論の理解にとって重要である。なぜなら従来の疎外論理解は、この強要の成立について、反省的な機会を持たなかったからである。

その結果、疎外論は〈歴史の論理〉としての現実性を喪失したように考えられる。疎外論の信頼失墜も、こうしたアクチュアリティーの消滅に因るところが大きかったのではないのか。疎外論が論理として深められず、ただ疎外感といったような感性的な次元において捉えられることになったのも、こうした思想的背景・前提において理解されるであろう。

疎外の概念を感性の次元から解放し、「論理」として改めて構築することが必要である。

(四) 宗教疎外について

疎外論のこうしたパラダイム変換について、そこでまず、宗教疎外に即して考えてみたい。なぜなら宗教疎外は、疎外論の発生基盤ともいうべき境位(エレメント)である。なぜ宗教疎外が、疎外論形成の起点となり、かつ、その原点となったのか。そこにはどのような理論形成の論理と、それを生み出し育んだ現実的・歴史的な力が働いていたのであろうか。

しかし今日、こうした議論の前提となる〈宗教なるもの〉について、一般的・共通的に語ることは、ほとんど無意味に近い。また、日常用語の理解としても、宗教とは何かについては、きわめて漠として曖昧である。なにがしか定義らしきものを試みると、すぐさま途方に暮れるであろう。せいぜい宗教を自称する、もしくは宗教法人を名のる宗派や教団を指して名目的に使われているとしか言えないであろう。あとは個人的で恣意的な思い込みである。

したがって、ここで疎外論発生のエレメントとしての「宗教」について語る場合、その限定の仕方が問われる。それは歴史的・思想史的な、かつ、論理的な根拠によって確定されなければならない。発想を転換すれば、宗教批判や疎外論が「宗教」を定義するのである。すなわち、批判の対象としての宗教が確定されるのであり、また、疎外の論理が宗教固有の性格を規定する。そうした基礎的な作業を通じて、はじめて漠たる宗教を解明するための確かな橋頭堡が築かれることになる。その逆の道は、たんに事態をより混乱させるだけである。

現代のグローバル化のなか、また、宗教というものの存在意義が思想的に増すなかで、まず求められることは、宗教という営みの〈論理〉を問うことであり、その現実の在り方について反省的であることである。宗教批判や疎外論は、たんなる宗教の否定でも肯定でもない。その限りで諸宗教にたいして超越論的であると言える。したがって、すぐさま具体的な処方箋が提起されるわけではない。しかし、宗教にたいする批判的反省の課題として、今日、その意義はより増しているのではないのか。その作業は、宗教という巨大な営みについて、異なる多様な人々のコモンセンスを押し進めることに寄与するであろう。

改めて課題に立ち戻る。宗教批判がその批判対象としての宗教の確定に寄与するものであるとすれば、宗教疎外の解明は、宗教固有の「論理」の解明に資することを目指している。宗教批判一般の問題については別途、考察したい。ここで検討しようとするのは、宗教疎外についてである。

たしかに宗教の問題を疎外の見地から考察することは、それほど異例のことではないように思われるかもしれない。宗教について語るとき、しばしば疎外は日常言語において用いられる。しかしそれは、多くの場合、感性的な次元においてである。時にはまた、それが「説明」らしく感じられる場合も確かにある。たんに好感や嫌悪を超えた、宗教への一定の接近態度が表明されている。もしくは、そのように受け止められている。しかし、そうした受容の背景にあるものは、そもそも何なのか。

宗教にたいして疎外論の「説明」がなされるとき、ただ純粋に中立の立場で言明されているわけではない。むしろそれは、宗教へのある種の距離感の表明がなされている場合が多い。直接に共感的ではない。そこには感情的・感性的な要因が大きく関与している。しかしここで問うべきは、宗教疎外の言説をめぐって、そうしたコモンセンスの形成を促し、その理解を流布させている思想背景についてであり、そこに働いている論理である。

特定の思想文脈において形成された理論が普遍化されるとき、その普遍化の性格について注視しなければならない。普遍化を単純に肯定することはできない。普遍化可能性の過信は、思想の理解において重大な欠落をもたらす。コモンセンスの質が問われている。品質保証についての配慮がないとき、コモンセンスの劣化に手を貸すことになる。近代哲学の中心的なドグマである普遍化可能性のテーゼは、今日のグローバル化のなかで、ある〈変質〉を遂げている。

そして、そのような重大な変質の意義が問われているのが、とりわけ宗教の領域なのである。宗教という多面的で複雑な営みを、まず、その複雑で多面的な在り方において了解する途が探られなければならない。そしてそれは、けっして問題や課題を先送りにすることではない。むしろ逆である。複雑性の了解は先決事項であり、それは事態を前進させるための不可欠の条件である。

複雑性がそれとして見えてこなければならない。いま流布している疎外論は、むしろ宗教を単純化するために寄与している。宗教について現実的に考えることを阻害している。それは一種の判断停止である。疎外論の再検討は、そうした宗教についての判断停止を解除し、思考を活性化するための重要な契機である。

(五)　フォイエルバッハの宗教批判

疎外論の理論形成は、特定の思想史的文脈に限定されている。すぐさま一般化することはできない。性急な普遍化の前に、その形成の経緯について、改めて考えてみなければならない。

宗教の「本質」を人間本質の疎外とみるだけでは不充分である。それでは〈本来性の神話〉

に立ち戻ることになる。また、人間本質なるものの抽象が「宗教」に伴われて発生したと考えることは、今日、素朴に過ぎるであろう。宗教の不可欠性といった論議に安易に入り込むことになる。しかしまた、「宗教」という極めて危うい観念の理解に関わることであるが、宗教と人間本質との関わりを想像してみたいということは、たしかに一つの魅力的な誘惑であったと考えられる。

その誘惑が描かせた迷路の多様・多彩な軌跡について、ここで詳しく辿ることはできない。また、その必要もない。これまで多くの宗教的言説や宗教哲学の思弁が、すでにさまざまに語り尽くしてきたところである。さしあたり宗教疎外について参考になるのは、無神論も含めて、やはり宗教批判の見地からの言説であろう。そして、ここで参照するのは、人間本質の抽象と疎外をめぐるフォイエルバッハの指摘についてである。なぜならそれは、宗教疎外の論理を簡潔・明快な仕方で、その限界も含めて示してくれているからである。

フォイエルバッハは宗教の本質を、すぐさま人間本質の疎外のうちに看取した。しかしそれは、単純に否定的な理解ではない。なぜなら疎外を介して、人間本質の対象化的な洞察を含むからである。人間性をめぐる即自的な無自覚さについての鋭い指摘と、その克服の必然性が、そこには刻まれている。したがってフォイエルバッハにとって、宗教とその疎外は、人間が人間になるうえで不可避の段階（＝契機）を構成するものとして捉えられた。

かくして、この人間本質の対象化的な定立は、人間的自覚の核心をなすものとして、人間の人間化における不可欠な意義をもつ。このポジティブな側面をフォイエルバッハは「愛」と名づけた。かくして人間愛（＝ヒューマニズム）は、宗教疎外の積極的な成果として位置づけられ、その限りで「宗教」は肯定されることになる。さらに議論を展望すれば、この愛という〈疎外の疎外〉は、宗教の止揚を遙かに展望させ、その促しともなった。

しかしながら、このような疎外態の愛、転倒（＝倒錯）した愛とは、いったいいかなるものなのか。いっけん明確なようでいて、疎外態や転倒の観念には、対象化を超えた、ある本質的な〈曖昧さ〉が付きまとう。すなわちそれは、たんなる精神の分裂といったようなものではない。それであれば、ただ人間性の自己破滅でしかないであろう。対象化を超えた、より具体的な規定が疎外による人間的自覚の把握には求められる。なぜなら愛は、たんに対象化された、その限りで抽象的な在り方に留まることはできないからである。疎外を必須とする契機がさらに明確にされなければならない。疎外とは何かが、ここで改めて問われることになる。

そしてフォイエルバッハ自身、こうした宗教疎外論の立場に止まることはできなかった。疎外という事態そのものが明らかにならない。宗教の肯定的側面と否定的側面について指摘するだけの〈疎外論的〉な説明に飽き足らなかったフォイエルバッハが辿り着いた見地とは、それではいったい何であったのか。抽象的に取り出された両側面が実際の宗教の在り方において、具体的に問われなければならない。すなわち問いは、現実的な場面に即して提起されなければならない。

宗教の〈現実の営み〉について探求を続けたフォイエルバッハが、最終的に辿り着いた見解は、宗教とはプ、ロ、セ、スであって、なにか固定した「本質」なるものがあるわけではないということであった。すなわち、宗教は現実の生活過程のうちに改めて差し戻されなければならない。宗教一般について抽象的に論ずることは、宗教の生きた核心を見失うことになる。宗教への接近方法そのものが問われなければならない。しかし、現実の生活過程における〈生きた宗教〉とは、いったいいかなる在り方において営まれているのであろうか。

ここにおいてフォイエルバッハが出した回答は、「生活の技（Kunst des Lebens）」として宗教を捉えることであった。現実の社会生活における「技（もしくは術）」として宗教を理解するということは、いかなる意味および意義を持っているのか。本質論を超えて、宗教をその現実の生きた営みにおいて捉えるということは、宗教疎外の把握において重大な転換を画することであった。その理論的飛躍の画期性が明らかにされなければならない。

(六)〈生活の技〉としての宗教

もう少し一般的に考えてみよう。本質論的な疎外理解においては、宗教の肯定的側面と否定的側面とが、その本質を構成するものとして取り出され、それぞれについて評価され、その位置づけが与えられた。たしかに分析がなされ、総合が遂行されたように見える。この分析・総合は、しかし、宗教の根本的な解明に値するものであるのであろうか。その資格要求の根拠は、いったいどこに求められるか。たんに思弁的で形式的な説明でないとすれば、その解明の内実における差異はいかなる性格のものでなければならないのか。

フォイエルバッハに即せば、その宗教理解における転換の背景には、〈実証主義〉の思想がある。フォイエルバッハは宗教についての実証的な検証作業を、着実に進めた。また、十九世紀後半、時代は実証主義の思想が支配的な潮流となっていた。たしかに、その思想潮流がフォイエルバッハの思想営為を後押ししたことは確かであろう。しかし、彼の新しい宗教理解が、たんなる実証主義の枠内に収まるものであるのかという問いとは別の問題である。

実証主義は思弁的な契機を厳しく排除した。まさにヘーゲルは、「死んだ犬」と見なされた。

こうした思想環境のもと、〈現実的である〉ことは〈実証的である〉ことを意味するようになる。現実的なものは実証されなければならない。両者は等価である。実証的な検証可能性への要請は絶対的である。その要請を満たさなければ、理論は仮説としても不充分である。

かくして宗教理論は、まず「科学」でなければならない。はたして実証科学に宗教理論はなれるのであろうか。また、フォイエルバッハの思想営為は、そうした実証科学を志向するものであったのであろうか。彼が宗教を「生活の技（術）」として捉えたとき、その思想的射程はいかなるものであったのか。

今日の視点から考えてみる。実証主義は現在においても有力である。科学であることを離れても、人は事実において実証的であることを求める。実証的に確かめられないものは信用されない。宗教が胡散臭く見られるのも、主たる要因はここに求められよう。しかし他方で、実証主義批判も盛んである。そしてその批判の論拠も、多種多様である。そうした今日の論脈において、「生活の技（術）」という把握はいかなる意味において理解されるのであろうか。

宗教を「生活の技」として捉えるということは、まず、宗教なるものを実体化しないことであり、その本質を抽象して論じないことであった。すなわち宗教は、一つのプロセスであり、歴史的に生成し、ある特定の〈働き〉において理解されなければならない。「技（術）」とは、まさにそうしたものである。「生活の技」は、その現実の具体的な生活過程を離れては無意味である。

したがって宗教が、ある働きにおいて、その限りにおいて現実を構成する契機として歴史的に生成したものと捉えられるならば、その場合、宗教であることの事実認定は、それだけを固定して個別特殊的に確定することは困難である。なぜなら宗教事象は、歴史的に生成した全体の文脈に依存するからであって、それぞれの社会的文脈に即して判定されなければならない。

こうした社会的な文脈依存性の強調は、もちろん実証性の意義を否定するものではない。むしろ、実証性の新たな意義付与を目指してのことである。個別の事実確定の可能性が、実証性の核心であるとすれば、この個別性についての新たな理解が求められる。文脈のなかでの個別とは何か。とりわけ宗教という多義多様な在り方を取る巨大な対象を問題にするとき、この問いは決定的である。

さらにまた、疎外論の視角からすれば、宗教事象をそれとして直接的に捉えるという見地そのものが問われよう。繰り返すならば、宗教は、ただ批判的な眼差しのなかで、その反省的な営みのなかで取り出される契機ではないのか。宗教を特定の教義や教団として無媒介に捉えることは、素朴であるだけでなく、宗教を見る眼を失わせてしまう。それは物神化の倒錯である。

もし宗教について語ろうとすれば、こうした批判的反省の媒介を抜きにしては不可能であろう。実証性の問題とより鋭く対立するように思えるのは、文脈性よりも両義性の方であろう。両義性は実証性を否定するように見える。両義性の〈あいまいさ〉は、実証性の事実確定性と両立するのであろうか。しかしまた、宗教に即して、この両者の関係を考えるとき、むしろ新たな局面が見えてくるのではないだろうか。そもそも信仰や彼岸・此岸の緊張的構造は、両極性（＝双極性）を不可欠の契機として要請するのではないのか。いかに日常化し習慣化した場合においても、こうした契機そのものは否定できないであろう。

そして、宗教事象がその核心において、こうした両極性を孕むとすれば、現実の〈生きた宗教〉は、その両極性の描く配置のどこかに位置する。たしかにその位置は、たえず変動し、確定を困難なものとする。しかし同時に、こうした両極性の性格を突き詰めたとき、逆説的に両義性を認めることになる。多くの宗教的言説に見られる逆説的で多義的な表現は、こうした両義性を示唆している。

文脈的な個別の核心的な意味をなすのは、その〈両義性〉にある。個別は個別確定的な事実ではない。それは可能的な事実である。そして現実は、可能的事実の全体である。事実としての実証性は、そうした両義性としての可能性を含むものでなければならない。実証主義は自らを刷新することを求められている。そして実証性は、そうした刷新力を持っている。

これまでの考察から、疎外という概念が、在り方として文脈的・両義的であり、可能的な事実を表現するのに適切な用語であると考えられないであろうか。すなわち、〈在り方〉としての「もの」を指示する中核的な概念として捉えられるであろう。フォイエルバッハが宗教疎外を「生活の技」として捉えたとき、その思想的意味をそこまで読み込むことは、不当な拡大解釈と受け取られるかもしれない。たしかに彼自身、そこまで議論を展開していない。しかしフォイエルバッハ宗教疎外論の議論の全体的な展開を展望すれば、そうした理解はけっして無理な解釈ではないと考えられる。

（七）「異」と「偏」

こうした理解の延長において、宗教疎外は、ある「偏（かたより）」として捉えられることになる。すなわち可能的事実は、ある偏差を孕んで成り立っている。こうした偏差なしに宗教疎外はあり得ない。もしこの「偏」が、疎外の働きの核心であるとすれば、それでは、こうした疎外と対比して、疎外の疎外としての本来性は、いったいどのように位置づけられるのであろうか。〈力動的な本来性〉は、それに相応しい理解を求めている。最後、それに答えなければならない。

敢えて対照的に述べるならば、本来性とは「異（ことなり）」ではないであろうか。すなわち、「異」としての宗教は、たしかに「偏」としての疎外がもつ両義性・文脈性の「縮減」（ルーマン）である。しかしながら、この縮減はたえず新たな対立を構成し、その深化は、ときに「弁証法」的な展開をみせることになる。言い換えれば、過重負担の性格を帯びたものとなる。「異」はたえず新たな「異」を敵対的・対立的に生み出すなかで存続を図る。

かくして再び、「偏」としての宗教疎外に立ち戻る局面に至る。フォイエルバッハのいう「生活の技」としての宗教の捉え直しは、「異」から「偏」への自覚的で反省的な移行であり、その限りで、弁証法的対立のドグマを砕くものであったと位置づけられる。もちろん「もの」の射程は、「異」の次元を含めて成り立っている。したがって、その考察は、「異」の現実の働きも含めて、さらに全体的に検討していかなければならない。

そこで次章では、さらに具体例に即して、疎外としての「もの」について考えてみることにしたい。

第四章　「もののあはれ」について

（一）本来性の崩壊

前章において、疎外論の核心的境位（エレメント）ともいえる宗教疎外について、フォイエルバッハの思想営為を参照しながら考えてきた。本章では、日本における宗教的言説について、その固有の問題性と関わらせながら、宗教疎外について、その〈論理〉を具体的に検討することにしたい。

これまで「宗教」に関わって、その批判的契機を取り出すべく、生きられたプロセスとして、現実の社会過程のなかに差し戻すこと、〈埋め直す〉ことの意義を説いてきた。そのために求められるのが、広義の〈理性批判〉の課題である。社会生活の「技（もしくは術）」として「宗教」を理解するということが、いかなる意味および意義を持ち得るのか、「技（もしくは術）」についての具体的なイメージが語られなければならない。そのために新たな〈理性批判〉の構想が必要となる。

それはたんに啓蒙的理性批判ではない。宗教を「生活の技」と捉えたとき、既にそこには、〈自覚〉の契機がするどく介入し、働いている。宗教疎外の論理が示唆していることは、この自覚性のさらなる具体化（＝徹底）であり、その促しである。なぜなら、この自覚性が働いている場が、まさに生活の場であり、受苦的・身体的な「もの」としての人間の織りなす世界であるからである。

疎外論における自覚概念の核心が、この具体化への〈促し〉にこそあり、「もの」としての自己を自覚しながら生きることの〈技〉が、疎外の核心であるとすれば、その営みは生活の捉え直しとして、理性批判の性格をもつであろう。しかし他方、留意すべきは、今日こうした疎外がむしろ作動しない状況が現出しつつあるように見えることである。そもそも促しが作動しないのである。

いったい何故なのか。すなわち、力動的な本来性の崩壊は、別なる本来性を、形式化され空虚化された本来性を立ち上げる。たしかに空疎化や形式化といった抽象作用は、そもそも本来性の疎外のうちに具わっていたものである。しかし、その契機が前面化（＝支配）するとき、はじめて本来性の疎外は、疎外自身の全面的な自己否定と化す。それは「本来性の神話」の崩壊である。

疎外論を「もの」論にまで立ち返って考えようとするのは、この「もの」扱いが自明視された疎外の論理の自己否定（＝崩壊）と見える事態に対処するためである。自閉化された「もの」の世界は、希望のない極限の境地のように見える。自閉化した孤立の充足（＝「孤人」）は、その裏面において、無制約な想像力の跳梁であり、情報の氾濫がある。そして後者なしには、「孤人」は存立できない。まさに表裏一体である（付言すれば、この「孤人」の存立は、現代が新たな共同に向けての転換期であることを同時に示唆している）。

他方、フォイエルバッハが「生活の技」において語ろうとしたのは、この支配的な（政治的）想像力の過剰な氾濫の抑止であり、その「情念」化の抑制であった。「人間とは食するものである Der Mensch ist, was er isst.」という命題は、「食」への配慮・注視であり、それ以上でも以下でもない。道元も繰り返し「法はこれ食、食はこれ法なり」として、「食（じき）」の意義を懇切丁寧に諭していたことが想起される。

そして「もの」が「語り」だすのは、希望なき「もの」の支配から、「もの」の「配慮」への転換の技である。物語りは、自覚（フォイエルバッハ的に言えば「直観」）への促しを発動させる。それは〈生活の技〉であり、生き延びるための智恵であり、その限りで理性批判である。繰り返し言えば、「もの」は徹底して両義的で文脈的である。「もの」は極限において語り始める。

(二) 本居宣長と「もののあはれ」

ここまでは前章への註である。以下、本居宣長論に入る。彼の「もののあはれ」論を〈理性批判〉の観点から見直してみたいのである。いったい「もののあはれを知る」とは何なのか。さらに言えば、宣長にとって「知る」とは、いかなる意義を有する営みであったのか。「生きる技」の核心としての「知る」ということについて、宣長に即して考察したい。

「ものの思想」と関わって日本思想史に立ち戻るわけであるが、日本語の「知る」の意義の検討は有意義である。「知る」とは、きわめて広義の営みであり、狭義の認識機能であることを超えて、情的把握、さらには精神作用そのものの根底をなすものとして位置づけられる。まさに〈働き〉の核心をなすわけであるが、むしろそうであるが故に、これまで充分な〈理性批判〉が行われなかった。すなわち、「知る」働きが多面的・重層的であるとすれば、その批判も同様の営みでなければならない。

ここで念頭に想い浮かべている宣長の場合、その「もののあはれ」論において、「もののあはれを知る」とは、いったい如何なる営みなのか。「もののあはれ」については、既に多くの研究が積み重ねられてきた。その上に立って、〈知る〉の理性批判を考えてみたい。宣長自身において緻密な学的注解の作業が営々として遂行された。まさに実証性であり合理性である。他方、その宣長において、「皇国」の実在性が強固な信念・信仰として、「自然（じねん）」にある。

この共存・接合の事実とその理由についても、これまでに多くのことが語られている。しかし今、ここで示そうとするのは、新たな〈理性批判〉の遂行であり、いわばコペルニクス的転回についてである。すなわちそれは、宣長における「知る」の意義を否定するものではなく、むしろその活性化にある。疎外のパラダイム変換は、こうした〈理性批判〉を不可避的に要請するように思われる。科学も神話もともに受容させる「知る」の意義を明確にすることは宗教批判にとって核心的に重要な作業である。その作業は、〈宗教〉把握のための新たな地平を拓くであろう。

はじめに、改めて宣長の文章を掲げておきたい。それは多くの注解と論証へと誘うものである。その誘いに応えたい——

なほくはしくいはば、世の中にありとしある事のさまざまを、目に見るにつけ耳に聞くにつけ、身に触るるにつけて、その万（よろず）の事を心に味（あぢは）へて、その万の事の心をわが心にわけまへ知る、これ、事の心を知るなり、物の心を知るなり、物の哀れを知るなり。その中にもなほくはしく分けていはば、わけまへ知るところは物の心・事の心を知るといふものなり。わけまへ知りて、その品（しな）にしたがひて感ずるところが、物の哀れなり。たとへばいみじくめでたき桜の盛りに咲きたるを見て、めでたき花と見るは、物の心を知るなり。めでたき花といふことをわきまへ知りて、さてさてめでたき花かなと思ふが、感ずるなり。これすなはち物の哀れなり。（『紫文要領』巻上、一二五頁［以下、『紫文要領』、『石上私淑言』からの引用は『本居宣長集』新潮日本古典集成より］）

ここで語ろうとするのは、けっして昔の話なのではない。さらにまた、ただ疎外論を活性化させるために不可欠であるだけではない。むしろ今の、われわれの知性の質が問われる課題なのである。まさにボン・サンスの去就についてであり、そのあり方なのである。一つの新たな〈理性批判〉がなされなければならない。そこには疎外をめぐる今日の思考停止を解除するヒントが秘められている。

問われているのは、まず、「知る」の区別性と排他性との関わりについてである。「物のあはれ知るを心ある人といひ、知らぬを心なき人といふなり」（『石上私淑言』）とするならば、「物のあはれをしる」ことは、「人」であることの根本要件であり、それを欠如したものは「人でなし」だということになる。「知る」の区別性は、「人」を成り立たせる根本的な契機である。しかし同時にまた、この区別性は、その一面において、「人でなし」という仕方において、きわめて〈個と共同〉を成り立たせる倫理的で規範的な概念であるということになる。

繰り返せば、「知る」の区別性は、多面的・重層的である。宣長が「めでたき花といふことをわきまへ知りて、さてさてめでたき花かなと思ふが、感ずるなり。これすなはち物の哀れなり」というとき、区別性は「人」において既に先立って立ち上がっている。「人」はただ、そこにおいてある。「人でなし」は、この次元において、差別性とは区別される。そこでは既に生きられた世界が語り出されているのである。しかしまた、この世界を、宣長におけるアニミズム的な世界の前了解として捉えることも早急である。

たしかに「もののあはれ」のうちにアニミズム的な契機を、世界についての前（＝先）了解として捉えたくなる。しかし、世界と一体化して生きられていることを、すぐさまアニミズムと捉えることは危険である。なぜなら、宣長はあくまでも「人」とその世界について語っているのであって、「生きもの」については言及されていないのである。彼は「人」の世界に生きているのであって、充実した〈日常性〉が、すなわち「人」の孜々たる日々の営為が、まず彼の視野を構成しているのであって、ウェーバー的な用語で言えば、きわめて「世俗的」なのである。その世俗性のうちにアニミズムの契機が入り込む余地は乏しいと考えられる。

しかし同時に問題なのは、宣長において、〈個と共同〉をめぐる、こうした「知る」ことの規範的・倫理的な次元（＝含意）が、これまで充分に検討され展開されてこなかった。その結果、「知る」ことの区別化作用は、「皇国の道」として短絡され、無媒介に現実の世界に通用させられる。「知る」ことの関係の理解は、ここにおいて「知る」こと自体の停止（＝自己否定）となっている。すなわち、「大和魂」が一個の「漢意」と化していることの経緯についての媒介的な反省が弱いのである。問われているのは、たんに中華意識の可否ではない（そうしたものは普遍的なありふれた現象である）。むしろ自覚の弱さの背景にある発想そのものである。そしてその解明は、宣長における〈疎外〉の再把握（＝活性化）を考えるうえで重要なヒントになると考えられる。

要するに、「知る」働きを喚起させる根本の「懐疑」の去就であり、その宣長における在り方である。懐疑とは、一般的には「モラリスト」（＝倫理を問う人）の要件としてのものであり、デカルトの方法的懐疑ではなくモンテーニュやパスカルの意味においてである。「知る」と不可分の「懐疑」を忘れたとき、「もの」と疎外をして〈生きられたプロセス〉たらしめていた両義性・文脈性は失われ、硬直化し自縄自縛と化す。はたして宣長において、この懐疑はどのような在り方において現れたのか。繰り返して言えば、「実の情」を「女童のごとく未練に愚かなる」ものであると宣長が捉えたとき、そこに孕まれる両義性・文脈性が改めて解明されなければならない。「知る」の多面的・重層的な次元を辿り直してみなければならない。

探究の起点について、まず反省的・方法的に考えなければならない。

（三）和辻哲郎の宣長論

こうした問題性を浮き上がらせるために、和辻哲郎の宣長論の検討から始める。和辻は大正期の『日本精神史研究』において、「もののあはれ」についての論文（一九二二年）を収録している。論文冒頭、彼は宣長の「もののあはれ」論の意義について以下のように結論づけている――

「もののあはれ」を文学の本意として力説したのは、本居宣長の功績の一つである。彼は平安朝の文学、特に源氏物語の理解によって、この思想に到達した。文学は道徳的教誡を目的とするものではない、また深遠なる哲理を説くものでもない、功利的な手段としてはそれは何の役にも立たぬ、ただ「もののあはれ」をうつせばその能事は終わるのである。しかしそこに文学の独立があり価値がある。このことを儒教全盛の時代に、即ち文学を道徳と政治の手段として以上に価値づけなかった時代に、力強く彼が主張したことは、日本思想史上の画期的な出来事と云はなくてはならぬ。(『日本精神史研究』一九二六年、岩波書店、二一七頁)

この和辻の言明を、戦後の『日本倫理思想史』における宣長の倫理思想を語る和辻の評価と比べてみよう――

(宣長の)態度は、神話を明らかにするとともに、そういう神話を形成した時代の知性のなかへ退却せよと要求するにほかならない。言いかえれば神話を信仰せよと要求せよということである。これは古事記の厳密な文学的研究を一挙にして無意義ならしめるものであろう。彼があくまでも学問的研究の立場にとどまるならば、彼はさらに歩を進めて、このような神話を生み出した歴史的段階の特殊性を把握し、そこに普遍的なまことの道がいかなる歴史的特殊的限定をもって表現せられているかを明かにしなくてはならなかったのである。（岩波文庫版、第四分冊、八三頁、傍点和辻）

かくして宣長は「合理的思惟」を否定する「狂信」の徒と成り果てたと和辻は断定する。文学さらに学問の自立を成し遂げた宣長と、「漢意」排除の狂信者としての宣長という二つの評価をどのように和辻は位置づけるのか。和辻の判断に立てば、「もののあはれ」による「文学」の自立の主張は、宣長が「神話」の原始性を認識できず、それを「信仰」の対象としてしまった錯誤によって台無しにされた。

しかし、問題は残る。たんに神話と信仰の区別が問われているだけのことなのか。和辻の「清明心」を原点とする「普遍的なまことの道」の主張と、宣長の神学・信仰（＝「神ながらの道」）との関係は、どのように理解すれば良いのか。その内実は一致するのか。また、和辻における「文学」と「哲学（倫理学）」、宣長の「もののあはれ」と「漢意」、それぞれどのような関係に置かれているのか。両者において、その区別の質についてどのように考えるべきなのか。

ともあれまず、和辻の「もののあはれ」の理解を改めて確認するところから始めよう。彼は宣長の「もの」理解を批判して、「もの」はただ付加的な性格ではなく、「或もの」として確たる存在意義を有することを強調する。「もの」に着目する和辻の「もののあはれ」論から、まず掲げておきたい――

……ものは物象であると心的状態であるとを問わず、常に「或もの」である。美しきものとはこの一般的な「もの」が美しきといふ限定を受けてゐるに他ならない。かくの如く「もの」は意味と物とのすべてを含んだ一般的な、限定せられざる「もの」である。限定せられた何ものでもないと共に、また限定せられたもののすべてである。究境のEsであると共にAllesである。「もののあはれ」とは、かくの如き「もの」が持つところの「あはれ」――「もの」が限定された個々のものに現はるゝと共にその本来の限定せられざる「もの」に帰り行かんとする休むところなき動き――に他ならぬであろう。……。もののあはれとは畢竟この永遠の根源への思慕でなくてはならぬ。（前掲、二二六～七頁、傍点和辻）

すこし長い引用になったが、ここには和辻の思考の仕方がよく現れている。「もののあはれ」論において、何よりもまず「もの」に着目したことは、彼の慧眼である。「もの」はたんに

「添ふる語」ではないと宣長を批判し、「もの」は意味を有する「何もの」かである性格を和辻は強調する。「もの」は漠たる附加語ではない。「もの」はつねに「何もの」かであり、端的に言えば「或もの」である。

「もの」に着目することによって、「あはれ」が無限定な情緒ではなく、「もの」に触発された性格を帯びた感動として捉えられる。したがってまた、「あはれ」が具体的な対象（＝「或もの」）によって触発されたものであることにおいて、そこにおいて情的把握としての「知る」という契機が明確に取り出されることになる。そして、ここを起点として、「あはれ」は「もののあはれ」となり、さらに「もののあはれを知る」こととして、一連の展開を遂げることになる。

しかしこの後、和辻の議論の方向は、もっぱら「あはれ」についての時代的限定をめぐる話題に集約されていく。「永遠の根源への思慕」として捉えられた「あはれ」は、宣長において特定の時代精神や生活様式に制約され、「もののあはれ」という本質的意義が端的に把握されたとは言えないという判断が下され、平安朝文学に固有のものとして、むしろ否定的な色彩のものに描かれることになる――

……数世紀に亙る平和な貴族性格の、眼界の狭小、精神的弛緩、享楽の過度、よき刺激の欠乏等……。かく徹底の傾向を欠いた、衝動追迫の力なき、しかも感受性に於いては鋭敏な、思慕の情の強い詠嘆のこころ、それこそ「物のあはれ」なる言葉に最もふさわしい心である。（同上、二三〇頁）

かくして和辻によれば、「もののあはれ」は結局、「精神的の中途半端」そのものであり、その根本の原因は、「物のあはれ」が所詮「女の心に咲いた花」にあると断定することで終わっている――「平安朝の『物のあはれ』及びその上に立つ平安朝文学に対しての、我々の不満をも解くことが出来る。云い古されたとほり、それは男性的なるものの欠乏に起因する」（同上、二三五頁、傍点和辻）。

ここに語られるのは、和辻の文化意識の程度であり、彼の価値判断の単なる表明でしかない。ただ、留意しておいて良いのは、「あはれ」における「もの」の意義についての和辻の慧眼の裏面についてである。すなわち「もの」への鋭い指摘は、「或もの」を「或もの」として把持することの弱さと表裏一体なのである。すなわち「もの」は、すぐさま「限定された個々のものに現はる、と共にその本来の限定せられざる『もの』に帰り行かんとする休むところなき動き」としての全体性のうちに回収されていく。この全体性の立場は、いずれ「空」の運動として捉え直され、彼の基本的論理を構成することになる。そして彼の倫理学の基礎概念である「間柄」の概念は、この「或もの」の否定のうえに、その内実の空疎化のうえに、はじめて成立する。

こうした立論のうえに和辻の宣長への、その「もののあはれ」論への結論的な批判が下されることになる――

本居宣長は「物のあはれ」を文学一般の本質とするに当たって、右の如き特性を十分に洗い去ることをしなかった。従って彼は人性の奥底に「女々しきはかなさ」をさえも見出すに至った。(同上、二三二頁)

かくして和辻の宣長への批判は、「あはれ」における「もの」の意義についての慧眼にもかかわらず、むしろ宣長に見られた「あはれ」の発見の重要な意味を見失わせることになった。「あはれ」は「女の心に咲いた花」として一面的に貶められ、宣長の発見の意義は歪められ、その思想的評価は否定される。「実の情」を「女童のごとく未練に愚かなる」（『紫文要領』二〇二頁）ことのうちに両義的・文脈的に捉え、「あはれ」の本質を洞察し、まさにそのことによって成し遂げられた政治・道徳からの〈文学の自立〉は、かくしてあっけなく否定されることになる。「実の情」の両義性・文脈性を和辻は捉え損なった。

（四）「知る」とは何か

和辻の宣長批判を見た。繰り返せば、「文学の自立」という和辻の宣長評価は、その裏付けとなる「あはれ」論を欠くことによって、思想的な根拠を失うことになった。改めて宣長の「あはれ」論に立ち戻って考えてみなければならない。宣長が『石上私淑言』や『紫文要領』などにおいて、和歌や物語の核心を「あはれ」に求め、その意味を「もののあはれを知る」こととして議論を展開させたとき、いったいそこで問われていたものが何であったのか。

「わけまへ知るところは物の心・事の心を知るといふものなり。わけまへ知りて、その品（しな）にしたがひて感ずるところが、物の哀れなり」と宣長が述べたとき、その説明の核をなしているのは、「感ずる」も含めて「知る」ということである。この広義の認識について、その働きや作用を明らかにしなければならない。それは同時に宣長が日々励んだ作歌による認識行為についての問いに関わり、また、一般的に文学的認識とは何かという根本の問いに答えることに繋がる。

さらに『古事記伝』にまで視野を広げるならば、宣長の古事記解読における実証的・合理的な作業と、古事記の言説世界をそのまま事実的な存在そのものとして受け取り、さらにそれを根拠として万国に優越する絶対的価値としての「大和心」を説くこととは、いかなる関係の下に置かれるのであろうか。連続的な把握を当然視させる「認識」（＝知性）の質や在り方が問われる（神野志隆光『本居宣長「古事記伝」を読む』四分冊、二〇一〇～一四年、講談社、参照）。

「あはれ」の本質は「ものを知る」ことである。「知る」ことの始まりは、〈直観〉である。対象を対象として認識することである。「もの」を「もの」として把握することである。それは認識の出発点であるとともに到達点である。「物に感ずる」ことがすなわち「もののあはれを知るなり」という指摘は宣長の強調するところである。宣長にとって「知る」とは、何よりもまず、「感ずる」ことである。「感ずる」ことは、「あはれを知る」ことの核心をなしている。

たしかに、これまでの宣長研究において、『古事記伝』の「注釈」という作業が持った固有の特別な意義は別にしても、数々の古典文学の注釈作業を通じて、文学の自立を説き、「歌」および「物語」の解読から「あはれ」という核心内容を読み取った宣長に、きわめて高い評価が与えられてきた。種々の「教戒の書」としての枠付けを排して、一つの固有のテキストとして読むことを可能にしたことは画期的である。

しかし他方で、その宣長が「漢意」への批判・摘発に急なる余り、概念的分析の必要を、たんに「さかしら」と捉えて貶下し、そのために、一方では、「あはれ」の強調は、時として単調な反復的指摘となり、さらに「漢意」の名の下における分別的知性への包括的な拒絶は、翻って宣長の思考そのものを反知性的で情動的とさせ、それ自身を一個の「漢意」のイデオロギーと化さしめることにもなった（田中康司『本居宣長の思考法』二〇〇五年、ぺりかん社、参照）。

こうした従来の両面的な評価を踏まえるとき、「あはれ」の認識的意義を今日的視点から、どのように再評価することができるのであろうか。出発点は「ものを知る」ことである。それは認識の可能性への問いであり、また、その根拠を求めての理性批判の営みである。そしてその営みの出発点は直観である。「或もの」を「或もの」として捉えることである。「或もの」の世界が開かれることである。〈世界〉の開示である。直観としての「あはれ」の性格・特徴が問われる。

改めて確認すれば、直観は漠たる主観的な観照や受容といったものではない。むしろそうした主観的な作用との対立においてである。「或もの」を「或もの」として直観することである。こうした直観の帯びる根本的な認識論的意義が問われているのである。「直観」とは何かが改めて問われなければならない。われわれはもはや、直観を直観一般として抽象的に捉えることはできない。直観はたんに認識の出発点として、感覚や知覚といったものではない。直観なるものが抽象的にあるわけではない。「もの」との関わり、さらに言えば相即のなかで、直観は個別具体的であり、こうした意味において、世界の開示であるとともに、「もの」への能動的な関与の営みである。

他方、直観を想像や空想として、対象の恣意的な変容として捉えることもできない。直観は奔放な空想力や恣意的な想像力とは異なる。それはけっして奔放で恣意的なものではなく、いわゆる〈主観的意識〉の自由になるものではない。恣意的・空想的なものではないという意味において、その限りで、直観を本質直観と呼んでも良い。しかしもちろん、この言葉でもって直観が何か特殊な神秘的能力とされるわけではない。対象把握の能力ではなく、むしろ生きられた世界の生成である。また、直観を直接的で本来的なものという意味において、その限りで、純粋直観と呼ぶこともできる。だからといって、ただ無媒介で、具体的内容に乏しい空疎なものとしてあるのでもない。さまざまな彩りを帯びた内実豊かなものである。
　こうした直観論をめぐる議論の文脈のなかで、改めて「あはれ」論を考えてみる。

（五）宣長の「自然」

　まず注目されるのは、「もの」の直観における個別具体性についてである。とりわけ留意すべきは、〈個と共同〉の在り方において現れてくる問題性についてである。「あはれ」の直観は、たんに個人的・内面的ではない。すなわち〈個と共同〉は、「あはれ」において、統一されたあり方において現れる。そして、この「あはれ」が帯びる非個人性は、きわめて両義的・文脈的である。「あはれ」の非個人性は、直観としての「あはれ」の性格から必然的に生ずる。
「歌といふ物」の発生について、宣長はいう――

　いたりてあはれの深き時は、みづからよみ出でたるばかりにては、なお心ゆかずあきたらねば、人に聞かせて慰むものなり。人のこれを聞きてあはれと思ふ時に、いたく心の晴るるものなり。これまた自然《じねん》のことなり。……。さていひ聞かせたりとても、人にも我にも何の益もあらねども、いはではやみがたきは自然のことにして、歌もこの心ばへあるものなれば、人に聞かするところ、もつとも歌の本義にして、仮令のことにあらず。（『石上私淑言』三一二～三頁）

「もののあはれ」の「思いあまれる」ところに生まれる「歌」や「物語」は、その本義において、他者への伝達と共有を不可欠とする。まさに「人のこれを聞きてあはれと思ふ時に、いたく心の晴るるものなり。これまた自然のこと」である。「あはれ」は他者による共感をまって、「あはれを知る」という本義が全うされる。「あはれ」は、その核心において、何よりも共同的な性格を帯びている。その非個人性は、宣長の「あはれ」把握にとって「自然」、核心的である。

他方、「もののあはれ」の共同性は、「あはれ」を知らぬ者が「人でなし」として排除する働きを同時に遂行する。「あはれ」は「人というもの」のなかに、差違をもたらす。「あはれを知る」働きが「人というもの」にとって核心的であればあるほど、この差違は重大になる。しかし、「実の情」を「女童のごとく未練に愚かなる」として捉えた宣長にとって、この「人でなし」がきわめて両義的であることは、すぐさま了解されよう。「愚かなる情」に発する「あはれ」は、両義的であらざるを得ない。ソクラテスの無知をめぐる問答と同じ関係が浮かび上がる。「あはれを知る」ことは、そのまま「愚かなる実の情」のなかに送り返される。

かくして、「人でなし」という人間否定の評価は、たんに身分差別の肯定ではない。また、和辻がいうような、「あはれ」の「女々しさ」に基づく男女差別的なものでもあり得ない。「あはれを知る」ことのない人が「人でなし」であることを、宣長はただ、この差違が両義性を帯びて、「自然」に結果することを語っているだけである。

ここで「人でなし」が「自然」として肯定されることの意味が問われる。「自然」に反する在り方とは何なのであろうか。宣長が「自然」として捉えた〈日常性〉の世界のなかで、「あはれ」による認識は、狭く「歌」や「物語」の理解であるだけに止まらない。それはただ「歌」や「物語」を深く味わうことができない者を指示するだけではない。「もののあはれを知る」ことができないということは、たんに文学趣味といった問題ではない。人間性そのものへの、その在り方への〈問い〉となる。

そして重要なことは、この問いが宣長自身の「自然」のうちに内在的に提起されており、彼の日常性の深部における緊張（さらに亀裂）として、宣長をして突き動かしているということである。それは彼をして多産な活動に向かわせる〈デモーニッシュなもの〉とも言われるべきものである。宣長の「自然」な日常性は、この意味で、ただ平坦で一様な営みではない（この点については、その問題性も含め、後に触れる）。

話を戻せば、文学趣味といった言い方では不適切である。むしろ、さしあたり「共通感覚（コモンセンス）」の問題である。「人でなし」はそうしたコモンセンスを欠いた人として、世の中（＝世間）において区別される。「あはれ」の直観の非個人性は、こうしたコモンセンスという日常の社会的文脈において絶えず作用する。

そのとき問題は、この非個人性が〈個と共同〉をめぐって、まさに両義的であることである。たしかに両義的であることは、その「区別」の両義性を生きる人にとって、コモンセンスという「認識」を与える。すなわちそれは、両義性を生きている人にたいして、そのことの自覚への契機をなす。区別を両義的に生きているということの実感が絶やされずにいることを可能にする根拠である。

しかし同時に、「自然（じねん）」の問題性がここで指摘されよう。なぜなら宣長における「自然」への強い志向は、「あはれ」における非個人性を両義的なものとして捉えることを阻む要因ともなるからである。「人でなし」の問題性は、それとして深く自覚的には立ち上がらない。普遍的にテーマ化されない。発生するとともに同時に消滅し回収される。ただ宣長の精神世界の核心として残り続けるだけである。

改めて一般化して、〈文学とモラル〉という視角から見れば、「モラル」の契機が背景化していくことになる。むしろ「自然」の立場からすれば、モラルを強く問うことは倫理的分別の事柄となり、「漢意」の「さかしら」に陥ってしまう。〈道徳化されたモラル〉は、「文学の自立」を危うくする契機となる。それは「モラリスト」としての宣長にとって受け入れられないものと化す。

「もののあはれ」をめぐって、少し考えてきた。はたして宣長において、「もの」は「もの」として捉えられたのであろうか。たしかに和辻は、宣長における「文学」の自立という画期的な達成が、この「もの」の把握のうえに成立したことを指摘した。「あはれ」は漠たる気分や情緒ではない。そうしたものでもって「文学」の自立を確保することはできない。自立を担保する確たる契機が明確にされる必要がある。

そして宣長による「歌」や「物語」についての言説は、「もののあはれを知る」ことにおいて展開された。「あはれ」は何となく哀れといったような気分ではない。それは「もの」による個別具体的な触発である。したがって「あはれ」は、個別具体的な文脈において、その適切な反応（＝「ものの品（しな）に応じて」）として、まさに「歌」や「物語」といった在り方を取ることになる。また、そこにおいて、はじめて「あはれを知る」という一連の認識行為が完了する。

しかし他方、「あはれ」の内実をなす「実の情」の両義性を、「ものを知る」ことにおいて絶えず維持することは容易ではない。なぜなら「人でなし」の現実的可能性は、まさに遍在しているからである。「人でなし」であることは、社会的に内面的にも、いずれにせよ多数・普遍であって、まさに「自然」である。それゆえ、繰り返せば、「もののあはれを知る」ことはただ受動的・受容的なものではなく、能動的・コミュニケーション行為的な営みである。そうした両義的・文脈的な営みを通じて、はじめて「自然」は成り立つ。その危うさが宣長を突き動かしている。しかしどこまで自覚されているのであろうか。それを担保する契機は明確ではない。

(六)「直観」をめぐって

改めて最初の疑問を出すことから始める。宣長の「もの」の把握は、〈生きる技〉としての「もの」の直観にまで達したのであろうか。たしかに宣長は、「もののあはれを知る」ことにおいて、「あはれ」を「もの」の直観として捉え、絶えずコモンセンスの自覚に立ち返らせる〈生きる技〉として位置づけた。しかしこの立ち返りは、きわめて危うい、弱い働きでしかなかった。宣長は「歌」をたえず詠むことにおいて、この〈生きる技〉を身につけることに努めた。「歌」を詠むことは、その「文（あや）」をなす創意工夫の極まりにおける、きわめて人為的な営みである。この創意工夫を要する人為を介して、「あはれを知る」ことは可能となり、「人でなし」であることから免れる。

たしかに「文」をなす創意工夫は、その具体的な内実においてレトリックや修辞学のジャンルに属する事柄である。その限りにおいて、「もの」による認識行為の普遍性を満足させるには不充分であろう。後に触れることになるが、「文」の問題は、『古事記』における「古言」の問題とも関わらせて考えてみなければならない。しかしここでは、「文」をなす創意工夫は、能動的なコミュニケーション行為として、宣長にとって「あはれを知る」ことの核心をなすものとして位置づけられた。

他方、同時にその創意工夫の人為は、まさに「ひと」であることの証しとして、「愚かなる実の情」に生きる「人でなし」の世界にあって、ともに「自然」の次元における事柄として展開される。こうした「もののあはれ」の人為は、「ひと」であることの証しとして、「人でなし」の世界にあって、すべて「自然」と化す限りにおいて、改めてコモンセンスの自覚に立ち戻り、テーマ化されることはない。「もののあはれ」はすぐさま「自然」と解され、〈生きる技〉の遂行における自覚の契機は背景と化す。反省（モラル）の契機は、その拠り所を失うことになる。この喪失と関わって、宣長における「宗教」の問題が浮上する。ここで、宣長の〈不可知・不可測なもの〉をめぐる宗教的次元の問題性に達することになる。

宣長の議論を確認すれば、「もののあはれを知る」ということは、「物の心・事の心」を「わきまえ知る」ということであり、さらに言えば「わきまえ知りて、その品（しな）にしたがいて感ずるところが、もののあはれ」であった。したがって、その直観は、「もの」の情的把握として捉えられる。情的把握としての「もの」の直観は、触発的であるとともに能動的な性格を有する。また、直観を研ぎ澄ますための創意工夫が求められ、レトリック的なものとして人為的で行為的な介入が求められる。

こうした情的把握は、全体的直観であるとともに、あくまでも個別的である。「あはれを知る」ことは、「ひと」であることの不可欠の要件として、普遍人間的な事柄である。しかし同時に、全体的直観は個別的であり、レトリック的な創意工夫を要する高度に人為の営みである。その限りにおいては、むしろ、「人でなし」であることの方が多数・一般的である。

宣長が「あはれを知る」ことの普遍人間性において、その「知る」ことの過程を「自然」として位置づけるとき、多くの「人でなし」は、これまた「自然」として、一見、放置されることになる。共通感覚としての「あはれ」は、ここにおいて、その裏付けを欠くことにならないのか。「実の情」が「女童のごとく未練に愚かなる」という、「文学の自立」を説く宣長の主張は、いかなる根拠に基づくものなのか。和辻と異なる思考回路が、どのように宣長において準備されているのか。

『石上私淑言』において、「あはれ」の極まるところに「歌」の成立することを説いてきた宣長は、その巻三に入り、ようやく、その「歌」の結果として持つ大きな「功徳」について論ずるに至る。そしてここにおいて、初めて「神」とその世界（「天地（あめつち）」）の問題について言及されることになる――

まずすべて天地の間にあることは、よきも悪しきもみな神の御心より出づるものなるが、万（よろづ）のわざはい起こりて上も下もやすからぬ時も、荒ぶる神の御心を慰め奉れば、おのづからそのわざはひはしずまり直りて穏やかになるは、力をも入れずして神をあはれと思はする徳なり。人をだにあはれと思はする歌なれば、神の御心の慰むことはいふまで

もさらなり。（同上、四四三頁）

さらに続けて宣長はいう――

そもそも神は、人の国の仏・聖人などのたぐひにあらねば、世の常の思ふ道理をもてとかく思ひはかるべきにあらず。神の御心はよきも悪しきも人の心にてはうかがひたきことにて、この天地の内のあらゆることは、みなその神の御心より出でて、神のしたまうことなれば、人の思ふとは違ひ、かの唐書の道理とははるかに異なることも多きぞかし。（同上、四六二～三頁）

いずれにせよ「荒ぶる神の御心」は、「よきも悪しきも人の心にてはうかがひたきこと」なのであって、ただ素直に認めることが求められる。そして認めることに理屈は要らないのである。ただ端的な承認なのである。むしろ何か認めることに理由を求めようとすると、その瞬間、道を誤ることになる。「荒ぶる神の御心」というのは、はるかに言説の地平を超えているのである。

ここにおいて、「漢意」でもって推し量ることの誤りや愚かしさが指摘される。何か説明を与えようとするとき、既に「漢意」の入り口に立っている。そこからは、世界を統一的な原理でもって分かったつもりになる錯覚（＝倒錯）の領域に踏み込むことになる。さらに問題は、この領域の深みにはまればはまるほど、人は一層分かったつもりになることである。そこには進歩や前進があると思い込む。かくして、「近き世」になるほど、ますます、この錯誤の深みに人は陥っていくことになる。

しかし他方、宣長の把握は、無限定で一般的な相対主義や不可知論、さらにはニヒリズムとは異なる側面を持つ。たしかに宣長は、世界の不可測・不可知なることを強調する。それは、たとえば「不合理なるがゆえに、我信ず credo quia absurdum」といった信仰表明の形態とも異なる。「神」の世界は、宣長にとって、「荒ぶる神の御心」による「霊異（あやし）き事ども」として肯定され、われわれはその不可思議な日常を、ただ「おのづから」、「自然（じねん）」に生きることになる。

改めて確認すれば、この「自然」な営みは、成り行き任せの、受け身の受動的態度ではない。日々日常において積極的な創意工夫が求められる、能動的な〈行為〉の世界である。なぜなら、人と世界とは、「あはれと思はする歌」において共に生きているからである。すなわち、「人をだにあはれと思はする歌なれば、神の御心の慰むことはいふまでもさらなり」であって、「神の御心の慰むこと」が何よりも求められる。「荒ぶる神」もまた、「あはれ」を共有する。かくして人は、「歌」を詠い、「神」と共に生きる。

一見すると、ここには人と神とが交歓するアニミズム的世界が想定されるかもしれない。そして「歌」は交歓を可能にする力を秘めている。しかし、不可知・不可測の契機の強調は、あくまで「外つ国」の神とその理を否定するための論法であって、相対主義やニヒリズムは宣長のあずかり知らない境位ということになる。改めて宣長の「神」の理解について、最小限、ここで確認しておかなければならない。

（七）宣長の「かみ」

『古事記伝』三之巻において宣長は、「迦微（カミ）」について以下のような説明を加えている――

さて凡て迦微（カミ）とは古御典等に見えたる天地の諸の神たちを始めて、其を祀れる社に坐御霊をも申し、又人はさらにも云ず、鳥獣木草のたぐひ海山など、その餘何にまれ、尋常ならずすぐれたる徳のありて、可畏き物を迦微とは云なり、[すぐれたるとは、尊きこと善きこと、功しきことなどの、優れたるのみを云に非ず、悪きもの奇しきものなども、よにすぐれて可畏きをば、神と云うなり、]（『本居宣長全集』第九巻、一二五頁）

すなわち「神」とは、そもそも「種々にて、貴きもあり賤きもあり、強きもあり弱きもあり、善きもあり悪きもありて、心も行もそのさまざまに随ひて、とりどりにしあれば、大かた一むきに定めては論ひがたき物」（同上、一二五〜六頁）なのであって、「神の道」もまた、道理といった当為のことではなく、あくまでもただ「皇国にて迦微之道と云へば、神の始めたまひ行ひたまふ道、と云ことにこそあれ、其道のさまを迦微と云ことはなし」なのであって、たしかに「もし迦微なる道といはば、漢国の意の如くなるべけれど、其もなお直に其道をさして云にこそなれ、其さまを云にはならず」と、繰り返し念を押している（同上、一二六頁）。

要するに、「神」とは「よにすぐれて可畏き」ものすべてを指す漠たる言葉であり、その対象を特定もしくは推定できないものなのである。したがって、「神の道」といった表現は形容矛盾なのであって、そこにはすぐさま「漢意」の介入を許すことになってしまう。「道」はあくまで〈歩く〉までのことであって、そこに〈理〉を読み込むことは、「道」ということを既に実体化もしくは理念化して捉えていることになる。

宣長の意図していることは、概念化される以前の〈もの〉の世界に立ち戻ることである。それは、これまでの論脈で捉えれば、「直観」の次元に自覚的に立ち止まるということである。なぜその必要があるのか。概念化された世界を自明のものと見做す態度が支配し、その枠付けられた中でしか〈もの〉が見えなくなっている現状にあるからである。

かくして、宣長にとって「神」とは、〈もの〉の次元（世界）を確保するための方法的な要請としての性格を帯びてくる。〈もの〉の世界から遠ざかり、硬直した道理を説く「近き世」の道学者への批判が、「神」には託されているのである。この限りにおいて、宣長の「神」の理解に方法的要請としての思想的意義を見いだすことはできよう。

しかし同時に、ここに問題も発生する。方法的要請としての限界はすぐさま踏み越えられていく。「可畏き物」が織りなす世界把握は、すぐさま連続的な位階秩序とその肯定に転化させられる。なぜなら「神の道」は、そのまま「先かけまくもかしこき天皇は、御世々々みな神坐こと、申すもさらなり」（同上、一二五頁）として、「皇国の道」としての位階秩序のなかに組み込まれ、「皇国」の弁証と化する。

結論的に言えば、古事記神代巻を貫く「天皇神話」のモチーフが、古事記における「神」の理解を枠づけていることを、宣長が捉えていないということに帰着するわけであるが、その古事記の枠付けにきわめて忠実であろうとする宣長の注解の態度が、かえって問題を見えなくさせている。忠実な注解の達成と限界は、表裏一体である。ここではただ、「もの」の世界からの逸脱を確認しておくのみである。

さらに基本テーマである疎外論に関わらせて一般化して言えば、宣長における「神の道」の「皇国の道」としての接合におけるねじれ（亀裂）の問題性について指摘しておかなければならない。要するに、「あはれ」と「直観」との相違の側面に関わって、〈もの〉を「神」として宣長が捉えたとき、「直観」における〈生きられた疎外〉の契機が背景に退き、さらに消失していくことである。

宣長の「神」の把握において、「道」をめぐる思想的な対決状況は、彼をして疎外の契機を軽視させることになった。「神」は方法的要請の域を超えて、万物肯定（受容）の理念と化していく。理念化された「神」は、万物、すなわち、天狗・木霊の類であれ、「鳥獣木草のたぐひ海山など」のすべてを、そのままに包摂する。そこには違和・区別がない。そこから、むしろアイロニカルな帰結が生ずる。「神」は万物と等値され、すべてを包摂するとされながら、その自体は〈空虚な無〉と化す。この限りにおいて、それは和辻の辿った「もの」の空無化と同じ事態である。

（八）「古言」のユートピア

改めて、「あはれ」と「漢意」の問題に立ち戻る。繰り返し言えば、この不可思議・不可測な日常を「自然」に生きることを混乱させているのが、他ならぬ「漢意」であった。それは、「限りあるもの」としての「心」を理解せず、不当に普遍化して、硬直した非歴史的な「道理」でもって裁断しようと試みる。さらに人は、その進歩・優劣を競い合い、ますます混迷の度を深めていく。

それでは、こうした「道理」の泥沼から這い上がるためには、どうすれば良いのか。宣長の提言は、二つの方向からなされていると思われる。一つは、「漢意」の絡繰りを見破り、その自縄自縛から脱することである。宣長は〈論争〉を好んだ。一見すると、果てしない論争は、まさに「漢意」の典型ではないのか。ただ不毛な誤解が後に残るだけのように思われる。宣長が行った多くの論争は、たしかに宣長にとって自らの主張を明確にし、世に訴えるうえで成果があったと言える。しかし、問題は残る。

宣長の論争方法は、「漢意」を逆手にとって、その欠落を衝くというレトリックの駆使にある。それは彼が「漢意」や「漢籍」を知り抜いているからこそできた技である。同時にまた、宣長の不可思議・不可測の立場は、ソクラテスの〈無知〉を駆使した問答術の行使として見事に働くことになる。そしてソクラテス同様、多くの弟子に囲まれながら、「学びの道」にある〈学者〉としての自己規定が、論争へと宣長を赴かせる。

もう一つは「漢籍」に回収されない「古言」への立ち戻りである。この対比において、古事記・万葉集等の「古言」は、この回収の誤りから解放され、〈神と世界〉についての事態の本質を衝いているとされる。その表現の適切さは、「自然」のものとして、事態の真理性として受け取られる。かくして、〈もの〉の世界を表現する「古言」の真理性を信じ、「神の御心を慰む」ような「歌」を詠むことは、不可知・不可測の神の道を〈歩む〉ことであり、日常を生きる唯一の術《すべ》（＝技）となる。

ここでようやく、宣長における「もののあはれを知る」という〈生きられた技〉の性格を論ずる地点に達した。たしかに「漢意」の否定を通じて主張された「もののあはれ」は、〈疎外〉を生きる技〉として捉えられながら、同時に、その否定の作業は、〈疎外の疎外〉として、皇国思想という「漢意」に導かれた。「女童のごとく未練に愚かなる」という「実の情」が、その両義性や文脈性への充分な配慮がなされず、「皇国」の主張へと繋がったことは、たしかに一つの逆説である。しかしまた、このアイロニカルな接続は、不可分一体の思想的・内在的な必然性を持たない。

時代の支配イデオロギーとして捉えられた「漢意」は、〈生きられた技〉としての「あはれを知る」立場からすれば、あくまで〈疎外の疎外〉であることに変わりない。「漢意」を人間性の圧殺として宣長が捉えたとき、「漢意」を普遍的な〈道理〉として生きることは、二重の疎外である。それは「実の情」の否定であるとともに、同時にまた、その自己抑圧を〈道理〉として正当化し、他者の抑圧的支配に向かうからである。

この二重の疎外による自己抑圧と攻撃性は、その二重性において相乗的に働く。その相乗効果を無化（否定）するためには、自己抑圧の解放的治療と相互的なコミュニケーションとの結合が必要である。たしかに宣長が、「実の情」の両義的な肯定と、「歌」におけるコミュニケーションの契機（他者性）の不可欠性とを強調したとき、こうした自他の相互解放の道筋を確かに捉えていたと言える。

しかし他方、〈疎外の疎外〉としての「漢意」の解消は、はるかなユートピアとして描かれざるを得なかった。むしろ「近き世」はますます「漢意」が蔓延している。その趨勢は止まるところがない。ただ宣長は、「古言」という〈過去のユートピア〉を日々の日常性のうちに確実に生きようとした。すなわち、たんに現実を超えた夢想としてではなく、日常の生活実践として「古言」を捉えた。そしてユートピアの過去性は、今の生活の日常性を確実に担保している。

しかし同時に、ここに宣長の「あはれ」の問題性も生じる。「古言」のユートピア（＝過去性）は、「あはれ」の直観の〈生きられた世界〉に介入し、疎外の内実を簒奪する。直観としての「あはれ」は変質させられ、たえず一つの「漢意」に転化する。その転化について、宣長は連続的で一体のものとして、まさに「自然」と見做す。そのとき、「あはれ」の理性批判としての契機は消失することになる。

たしかに彼のユートピアは、一つの〈ユートピア〉として、国学思想の歴史的展開のなかで、別の異なる軌跡を描くことになろう。しかし、それはまた別の物語である（清水正之『国学の他者像』二〇〇五年、ぺりかん社、参照）。

＊　＊　＊

最後、フォイエルバッハに立ち戻る。彼の基礎概念である「自然」とその「直観」を手がかりに、〈生きる技〉としての「宗教」を、疎外論の見地から再評価を試みた。そして、フォイエルバッハと対比しながら、宣長における「自然」や「神」の把握の特徴を浮かび上がらせた。そのうえで、「もののあはれを知る」ことを、これもまた一つの〈生きる技〉として位置づけようとした。

もちろん宣長の世界が、こうした議論でもって汲み尽くすことのできないことは充分に承知しているつもりである。フォイエルバッハとの対比は、ただ宣長の一面を照らすのみである。また、たしかに「直観」と「あはれ」とは同一ではない。しかし、観念と実在の関わりをめぐって、西洋近代哲学の主流からフォイエルバッハの「直観」が異質であったように、宣長の「もののあはれ」も江戸儒学との対比において、やはり異質な側面を持っていることを明確にしようと試みた。

そのうえで、フォイエルバッハの「宗教」や宣長の「神」の把握は、彼らの〈生きられた世界〉のうちにあって、その世界から逸脱することなく自覚的に生きることを可能とさせる〈技〉として、きわめて日常的・行為的な性格をもつ「もの」であった。そうした「もの」を捉え、感受することでもって、生活は脈打ち、ただ平板な営みであることから救われる。しかし同時に、宣長の「あはれ」の問題性も浮かび上がってきた。「古言」のユートピアは理性批判の契機を消失させることにもなった。

改めて疎外論の課題に戻る。疎外論の思想的貧困は、二重であったように思われる。一つは、本来性をめぐる問題群である。そもそも〈本来性〉は一つの論議世界ではない。何かを許せないと感じたときに立ち上がっている基本的な事態である。たしかにそれは、その言説化を求めることになる。さらにそこから、二次的・派生的に様々な議論を構成することになろう。しかし問題は、この過程で、出発点であるコモンセンスから遠ざかることである。言説化の距離に比例して感受性は弱くなる。言説そのものが自立化していくことになる。それもまた、既に一つの疎外である。

もう一つは、疎外の喪失である。疎外の存立を自明のように考えさせてきた生活基盤が揺らいでいる。疎外という言葉でもって語られてきた内実の変質・喪失である。疎外とは何かが端的に問われる状況にある。疎外についての既存の言説は無力である。人びとは情報に取りまかれ、情報を介した過多の人間関係のうちに忙しく生きている。〈個と共同〉の在り方が変貌し、あたかも内と外が転倒した事態となる。しかし、ヘーゲルのように転倒のまっただ中に「神Gott」が現出するわけではない。転倒はもはや転倒でもない。そこに疎外論が入り込む余地はない。

ここで、この二つの問題群を結びつける環は何であろうか。さしあたり、それを〈疎外の形式化〉と呼んでおく。言説の疎外や関係の転倒は、それだけを取り出してみれば、いわば一次的な疎外である。しかし同時に、この一次的疎外は、たえず自らの内実を疎外させ空疎なものとなる。形式化による疎外の自己運動は二次的な疎外に転化する。そこから、〈疎外の疎外〉が生ずることになる。

ここから単純に、疎外論の自己破産を宣告し、他の論議世界（物象化論、等々）に移行することは、たしかに一つの選択肢であろう。しかし、他の選択肢もあり得るのではないのか。それは、疎外の運動に改めて立ち止まってみることである。〈生きられた世界〉のなかで、一つの〈技〉として、疎外論を再構成してみることは、疎外の論理を改めて活かす手立てにならないであろうか。フォイエルバッハと宣長は、こうした途を選んだ事例として取り上げてみた。

次に、疎外論の自己破産論も含めて、疎外の〈論理〉をめぐって、その基底にあって働いているものを、より深く広い視野でさらに検討してみなければならない。

第五章 「疎外」と「無」

(一)「もの」と「直観」

これまで宣長の「もののあはれ」について、フォイエルバッハの「直観」を参照しながら、「あはれを知る」ことの意義について検討した。さらに、「あはれ」の内実を探るなか、宣長における「宗教」の問題を俎上に挙げた。そして「不可知・不可測なもの」としての「かみ(神)」のうちに、宣長における疎外把握の深まり(困難さの拡大も含めて)を確かめてきた。

改めて、疎外の問題に立ち戻る。そもそもフォイエルバッハの「直観」や宣長の「もののあはれ」を検討したのも、疎外成立の核心的な契機を探るためであった。なぜなら、従来の疎外論が破綻したのは、疎外の内実喪失による自壊に因ると考えたからである。そしてまた、「直観」や「あはれ」が、疎外の内実を不可欠とさせる契機として、「もの」との関連を示唆した。すなわち、「ものの直観」や「もののあはれ」として、「直観」や「あはれ」が具体化・現実化され、そのことが疎外の成立と内実に深く関わっている。

他面から言えば、「ものの思想」を力動化するために、疎外論の意義を問うたわけである。そのさい問題の核心は、「直観」や「あはれ」が、たんに主観的・主情的な性格でないことにある。「或もの」がそこに介在して、はじめて「直観」が「直観」として、「あはれ」が「あはれ」として成立する。両者は不可分である。したがって、「もの」の介在は、なにか外部からの挿入的な性格のものではありえない。すなわち「もの」とは、第三者的な媒介の如き付加ではなく、あくまでも「直観」や「あはれ」に相即し、両者を成り立たせている当体、そのものである。

したがって、この当体を内在主義や現象主義として捉えることには疑問があり、不充分・不適切である。「もの」は、たんに「直観」や「あはれ」に内在しているのではない。繰り返せば、「直観」や「あはれ」そのものである。それは同一の事態の立ち現れであり、〈生きられた世界〉の存立である。内在主義や外在主義といった言明が、その根底において〈存在論〉を前提としているのであり、こうした前提から離れることが、まず必要である。世界は、一様で平板な存在の地平にはない。「もの」と「直観」は、内在性や現象性といった関係では捉えられない。同一なものでも不同一なものでもない。一つの同じ〈立ち現れ〉である。

しかし同時に、「もの」と「直観」との関係を、ただ曖昧に等値するだけでは、きわめて不充分である。他方また、そこに調和的な関わりや一体化を想定することも、両者の関係を〈存在論〉化することに繋がる。むしろ、「ある」という存在論のドグマから、まず解放されて捉えることが必要である。「ある」をめぐる存在論のドグマや枠組みから離れるとき、そこに立ち現れるのは、〈存在と時間〉以前の原本的な事態である。

「もの」と「直観」とが当体として同一であるということは、同時に相反・分離のズレを帯びた不同一であることを意味する。この同一と不同一の共存は、〈矛盾〉より以前の事態として、両義的である。ここで先回りしていえば、この両義性をして、まさに疎外の出発点として位置づけられないであろうか。すなわち、矛盾的対立以前の〈共存としての両義性〉である。そしてさらに、この共存としての両義性が辿る過程が、「或もの」に固有の〈文脈性〉を付与する。矛盾的対立といった在り方は、文脈性のある特異な場合であるに過ぎない。

〈文脈性〉とは、したがって、いわゆる「展開」ではなく、むしろ「過程」そのものである。そこには目的論的な展開はなく、しかしまた、ただの反復・停止でもなく、ある「過程」が確実に辿られる。要するに、共存としての両義性が生み出す文脈的な過程とは、一様性や反復ではなく、むしろ、絶え間のない〈立ち現れ〉の過程として捉えられよう。それでは、この立ち現れをして、「疎外」を不可欠とさせる過程とは、どのように捉えられるのか。たとえば、創発的進化といった捉え方と基本的にどこが異なっているのであろうか。

たとえば永遠回帰のニヒリズムといった観念は、ここでは一面的な観点として排除される。相対主義といった性急な断定も、「過程」が生み出す〈新たなもの〉を前にして、そうした判定を留保せざるを得ない。ここで関連して、西田幾多郎の「行為的直観」をめぐる諸議論が、連想されるかもしれない。しかし、彼の議論については既に検討したことがあるので、ここでは細部に立ち入らない。ただ一言すれば、その場所論と結びつく行為的直観の構想において、基底的な事態としての〈立ち現れ〉における「疎外」把握において、まさに西田は弱かったように思われる。その結果、彼の議論は、すぐさま「歴史的形成作用」をめぐる論議へと連続的に接続する。その展開は、彼の主張に反して、順接的であって逆説的ではない。それは調和的な形成となる。しかし繰り返しいえば、「もの」とその共存の世界に、まず、立ち止まることが必要なのである。

それでは、〈生きられた世界〉としての「共存」に立ち止まることを可能とする契機は、はたして何だろうか。そして今、この初発の自明な問いを、改めて出さざるを得ないのは、いったい何故なのか。それはたんに、「哲学」の出発点としての根本的な「驚き」といったものでは済まされない。なぜなら驚きも含めて、もはや「疎外」は、今日、日常の生きた感覚ではないからである。すなわち、疎外が疎外されているのである。こうした、いわば〈疎外の疎外〉という状況のなかで、「疎外」を取り戻すことが求められている。そのために、まず「共存」の事態そのものにまで立ち戻ることが必要なのである。共存は自明ではない。

（二）「無」をめぐって

そこで「共存」を、さらには「疎外」を取り戻すための方途について考えてみなくてはならない。〈疎外の疎外〉のなかで、もはや啓蒙（主義）的な途は閉ざされている。なぜならそれは、人間性と社会の発展についての楽観論を前提にしているからである。しかしここでは、啓蒙の光は差し込んでこない。いわば現実は闇夜のなかに置かれている。そのとき、なにが生じるのであろうか。しばらく、そこに蠢くものを想像してみよう。

存在論のドグマから離れ、また、啓蒙の希望を閉ざしたとき、そこに浮かび上がってくるものは、〈無〉であろう。しかしそれは、ただニヒリズムといった存在論的な虚無ではない。他方でまた、素朴な経験論的な所与に立ち戻ることでもない。なぜなら、そもそも何かに立ち戻るといったことが作動しないのである。そうした〈疎外の疎外〉という事態の日常化のなかで、それでは〈無〉は、改めてどのように解されるのであろうか。

たとえば宣長における「自然」や「道」においては、ただ不可知・不可測の「かみ（神）」が、明示対象のない「指示」として、しかしただ、不可欠なものとしての〈指し示し〉が逆説的に確認されるだけであった。「かみ」から〈無〉への橋渡しはなされていない。すなわち「かみ」とは、「無」ではない。「かみ」を「無」として規定することはできない。たしかにニヒリズムの虚無と紙一重であるが、むしろ宣長にとって、きわめて切実な「或もの」であった。

たしかに檀家の仏教徒である限りでの宣長は、仏教的な〈寂滅としての無〉を受け入れたかもしれない。しかし、「かみ」を説く宣長にとっての「もの」とは、寂滅的無を超えた切実なものである。それは、人間学的もしくは宗教的にいえば、「身（体）」や「受苦」として生々しい「或るもの」として迫ってくる。その切迫を抜きにして、「かみ」を云々することは無意味である。

かくして〈無〉は、さしあたり、ただのものとして捉える他にない。むしろここで考えようとしているのは、なによりもまず、無を「もの」として捉え、それを〈生きられた世界〉の基本に据えようというアイデアについてである。「もの」が〈固有の無〉の性格を帯びていることは、すでに宣長のいう「もののあはれ」の問題に触れて、その無の切迫さについて指摘した。ただの空無ではない。簡単に振り返れば、「もののあはれ」という情的把握において宣長は、〈生きられた世界〉を捉えようとした。そしてそれは、不可知・不可測な「カミ」との不可避の関わりとして現れた。

しかしまた宣長にとって、この不可避の関わりのうちに逆説的に〈立ち止まる〉ことは、きわめて難しい状況であった。「漢意」がますます支配的な言説となるなかで、その烈しい思想潮流に傍観はできない。しかしそれは、漢意の世界に飛び込むことになる。漢意のうちにあって漢意を超えること、その逆説を可能とする創意工夫が求められる。漢意に逆らって、〈逆説の日常〉を可能とするために宣長が取った道は何か。立ち止まる方途をめぐって、一方で「歌」を詠み続けるレトリックの実践があり、同時に他方、『古事記』などの古典が織りなす「古言」への没入があった。たしかに、この両面作戦は、日常の逆説に直面しながら、宣長の現実肯定の態度や関与を正当化するためには有効であった。

しかし同時に、この「歌」と「古言」との接合・併存は、共存の「疎外」に立ち止まる契機を背景化させるように働く。「あはれ」と「かみ」に孕まれていた、いわばデモーニッシュな共存は、ここでは沈静させられる。そのとき宣長の「もの」は、「或るもの」としての切迫性を失い、現実肯定の位相において現れるとともに、同時にまた、その実質において、むしろニヒリズムと表裏一体のものと化していく。なぜなら、「古言」という〈過去性のユートピア〉は、「歌」の創意・工夫による内実をたえず空疎化させるように働くからである。

「もの」と「無」をめぐる議論に改めて戻れば、たしかにわれわれは「無」に浸されて生きている。しかし、その意味するところは、「もの」の両義的文脈性のうちに、「或るもの」に固有の契機としての「無」が、すなわち、「或るもの」を「或るもの」たらしめる「無」があるということである。そのことは、「或る」をめぐって、〈存在論の地平〉から離れたとき、既に「無」が立ち上がっていたことを意味する。その限りにおいて、まさに「もの」と「無」は相即する。

したがって、「無」はまず、「もの」として〈生きられた世界〉である。われわれの受苦、感受や知性、分別や行為、価値や美、神聖や宗教、等々、すべてのうちに「無」は浸透し作用している。それはたんに否定ではない。むしろ、それらの営みを成り立たせている根本の境位であり、切迫である。まさに無を生きているのである。きわめてポジティブな営みである。そのことを踏まえたうえで、今日、「或る」の固有性としてのデモーニッシュな〈無〉が、なぜたゞのものの世界と化すのか、その変容と転化が、改めて問われている。

「無」を生きているというのは、したがって、たんに無常観といった主情的・情緒的な性格ではない。むしろ根本の事実であって、無そのものであるといわなければならない。われわれの〈生の境位〉である。そこで、この〈無を生きている〉ということの含意について、「もの」と関わらせて、その両義性と文脈性の中で、さらに考えてみなければならない。そこに「疎外」の去就も明瞭に見えてくる。

一見、無を生きているという表現そのものが形容矛盾のように思われるかもしれない。われわれは何ものかに執着し、その限りで、いわば囚われて生きているのであって、無としての生は、ただ諦観の寂滅を指しているだけではないのかといった疑問が出されよう。すなわち、われわれの生が、ある切迫のうちに生きているのではなく、むしろ、執着から解き放たれ、ただ空無のうちに回収されるだけのことを、「無を生きる」という表現は意味しているだけではないのか。

こうした生と無との抽象的な対置は、そのままでは身動きできない消極的な関わりのように見える。すべては生の執着と無の諦観とのうちに帰することを指示しているだけなのか。一方において、現世への絶ちがたい執着について語り（さらには、この世にさまよう怨霊までをも信じ）、しかし他方また、無為自然と寂滅とを想う。すべては不毛な虚妄であるように思われる。

ここには同一と不同一の共存への立ち止まりが、そして、「もの」と「直観」における「疎外」が、成り立つ余地はないように思われる。しかし、このような「もの」を空無化するだけの無が、すなわち、「或もの」をして「或もの」たらしめる根本の境位を剥奪し、すべてを「ただのもの」と化すだけの無だけが、そのすべてなのか。また、こうした空無に単純に回収されることだけが、われわれの生の在り方なのであろうか。

㈢「無」と「疎外」

しかし他方、こうした〈空無化する無〉にたいして、逆に、ここで〈創造的な無〉といったものが対比的に持ち出されるかもしれない。「無からの創造」といった観念は、超越的な創造神の想定から始まり、内在する超越的人格の存在までをも広く担保する根拠としてこれまで久しく説かれてきた。創造と超越とに関わる「無」をめぐる議論は、長い歴史を持ち、強い精神的な拘束力をもって、地域の伝統文化の中で、さまざまな形を取りながら、果てしなく今日まで続いている。その呪縛を解くことは、なかなか難しい。

今、〈創造と超越〉をめぐる巨大な物語について検討・評価することは、別の検討課題として留保しておく他はない。ただ付言すれば、「創造的な無」を持ち出すことで設定される超越性の次元とは、いったい何なのかということである。すなわち、本稿の文脈からすれば、それは〈存在論の地平〉を再導入することではないのかという点についてである。背後にある「無」を予感しながら、その無意識的な否定と、先駆け的な「実体化」とが、そこには働いているのではないのか。

すなわち、「無」を正面から論ずるようでいて、その無を否定するという転倒・倒錯が、そこには生じているのではないのか。それは、共存と立ち止まりとの解消であり、「疎外」の否定である。無と疎外が語られながら、その内実は取り消されている。そこで語られる無は、もはや立ち止まりとしての生きられた無ではない。むしろそれは、最初の「疎外の疎外」の成立であろう。「創造的無」や「無からの創造」は、いずれにせよ、無の抹消である。

そして創造と超越の次元が、もし一旦、設定されるならば、ここに〈伴走者（伴奏者）としての無〉が成立することになる。創造と超越は、自らの存立のために、絶えず「無」を必要とする。なぜなら、創造と超越の意義は、すべてのもの（「存在」であれ「価値」であれ）の、その無への転落からの防護壁であり保護者であるからである。非存在と無価値は、その意義・役割の否定となる。かくして無は、絶えず通奏低音のように鳴り響く。

改めて繰り返せば、こうした「無」が、じつは疎外と無の否定であり、無の性格変更と解消に向けての第一歩であるということである。しかしまた、無の解消には至らず、絶えず影のように伴うことは、まさに「無」の意味を裏面から照らすものと言えよう。そして創造と超越の次元に対しては、絶えず、その否定と反抗の声が、すなわち、さまざまなニヒリズムの声が、繰り返し上がってくる。しかしそれは、無の本来の声ではない。比喩的にいえば、裏声でしかない。

(四) 〈立ち現れ〉と〈立ち止まり〉

そこで、「疎外の疎外」の問題について、いったん「創造と超越」をめぐるテーマから離れて、より広い視野から考えてみよう。共存と疎外は、固有の切迫・緊張を孕んでいる。それは、人間学的にいえば、「受苦」といったものに近い。しかし、「受苦」という言葉では、この切迫を充分に表すことはできない。切迫は、ただ受動的な〈促し〉といった意味でのものではない。むしろ、立ち向かう緊張として、能動的な事態である。

ここでは能動・受動といった区分以前の、両義的な意味での〈促し〉そのものについて考えてみなければならない。そして「もの」は、その立ち止まりとしての疎外的な在り方において、こうした両義的な確定性を帯びざるを得ない。この両義性が、これまで既に指摘したように、「もの」をして切迫性と緊張をもたらす。「もの」に固有の両義性は、解消不可能であるが、同時にまた、この切迫と緊張は、両義性をしてある「深み」を、すなわち、同一と不同一の共存に固有の奥行きを付与する。

この「深み」は、両義性に固有のものであり、共存の性格変更を迫るようなものではない。むしろ共存としての〈立ち止まり〉を可能にする不可欠の要件である。たんなる言い換えとして、同語反復のように思われよう。無意味な言説として理解されるかもしれない。しかし、「深み」とは何かを考えるとき、そこには〈立ち止まり〉についての、ある示唆が与えられているのではないのか。

この、立ち止まりを可能にする示唆を、まずは「深み」と名付けてみたいのである。いずれにせよ、共存としての立ち止まりに孕まれたものである。そして、もしも両義性の意味について、徹底して考えるならば、こうした両義性に孕まれる「深み」を認めざるを得ないのではないだろうか。両義性は無色透明なものではない。ある緊張を、固有の切迫を孕んで成り立っている。この切迫や緊張は、平面的な在り方を取ることはできない。「深み」は相反とズレを帯びた垂直的なものである。

この両義性に孕まれる「深み」をすぐさま承認することは、たしかに難しい。しかしまた、両義性について考えるとき、こうした「深み」を想定することは、それほど困難な課題とは思えない。なぜなら両義性に孕まれた「深み」は、さしあたりは、ある〈曖昧さ〉として既に現れているからである。したがって問題は、この〈深みとしての曖昧さ〉をどのように捉えるのかである。〈深み〉を〈曖昧さ〉として規定することは、困難さをただ逃避するだけの策略なのか。

むしろここで、ある発想の転換が求められているのではないのか。たしかに「曖昧さ」は表層的に捉える限り、まさに曖昧そのものでしかない。それはたんなる逃避や韜晦であり、問われた事柄に正面から立ち向かわない不誠実な態度として否定的・消極的に受け止められよう。しかし「曖昧さ」とは、こうした、ただの問題回避に尽きるのであろうか。「曖昧さ」のうちに潜む潜勢力（＝ポテンシャル）を探る別なる道を取らなければならない。

〈深み〉と関わって〈曖昧さ〉を捉えたとき、すでに、ある示唆が、すなわち発想の転換が用意されているように思われる。「曖昧さ」とはたんなる誤魔化しではない。また、思考停止の態度やその信号でもない。むしろ、よりポジティブな姿勢である。それは問題回避と正反対のものである。何故なのか。その答えは明瞭である。「曖昧さ」は課せられた事態の単純化や一面化を排して、事柄の複雑さを正確に反映しているからである。

事態が複雑であると受け止めるためには、なにが必要なのか。そもそも健全な〈懐疑〉は、どこから生じるのか。良識（ボンサンス）を成り立たせる根本の契機が問われる。そこには根本的に「曖昧さ」を伴い、そのことのうちには、ズレや相反の契機が含意されている。その場合、ズレや相反は、それとして表面化しているわけではない。そのことが曖昧さを生んでいる。同時に、このズレや相反を孕んだ曖昧さが、まさにここで「無」として位置づけようとしている事態である。

この「無」において、まさに「もの」とその〈共存の世界〉に立ち止まることの必要が問われることになる。すなわち「もの」は、文脈性と両義性の交錯であり、〈立ち現れ〉と〈立ち止まり〉の生起する「無」であり、この「もの」の「無」において、〈深み〉が直観される。立ち現れと立ち止まりの場として、ズレと相反を内包する「深み」において、「無」は捉えられる。平面的な地平、同一律の通用する世界を、一度、留保するなかで、垂直軸における捻れた世界が、すなわち同一律を〈括弧〉に入れた相反とズレが、こうした「深み」を形成している。

（五）「疎外を生きる」とは

〈無〉とその深みは、それでは具体的に、どのような世界として立ち現れるのであろうか。それはまず、自明性の喪失である。こうした世界は、一般的に言えば、了解しやすい事態であろう。われわれは日常の生活において、絶えずこうした喪失の場面に立ち会っている。これまで強固と見えた地盤が一挙に失われ、堅固な秩序は崩壊し、すべては混沌のうちに投げ込まれる。進むべき方向を見失い、われわれは途方に暮れることになる。

こうした喪失の経験は、ただ否定的な出来事として、さらに言えば、そこからすぐさま別の解決が新たに出てくるようなものでもない。そしてまた、ただ虚無の相貌を示して佇んでいるだけでもない。さらに、たんに宙づりの状態ではなく、むしろ苦悩の中で、生きていることのプロセスが自らの姿を現すときである。まさに疎外の状態であるわけであるが、問題は、〈疎外の疎外〉の状況の中で、この疎外が生きられたプロセスとして、もはや経験されないことである。疎外は、すぐさま消去（＝解決）され、その在り方において適切に位置づけられ配慮されることがない。疎外を生きることは難しい。

また、既に述べたように、〈本来性の疎外〉も否定（＝解除）された状況の中では、〈疎外克服〉の運動も立ち上がらない。正常と異常をめぐる「弁証法」は、もはや作動しない。ここには「狂気」はない。ただ平面的な変容が辿られるだけである。喪失の経験は日常的に生起しながら、しかし、たえず閉塞させられる。求められるのは、適切な実際的処理であり、その手続き（マニュアル）だけである。言葉（言説）は閉ざされ、混乱した議論は不毛なものと一蹴される。

ここで隠されてしまうのは、疎外の孕む〈無〉であり、その深みである。さらに言えば、無の深みに蠢く「デモーニッシュなもの」の忘却であろう。日常性は文字通りの平板化した空疎な営みと化し、深みと奥行を失う。同一の振る舞いがなされているように見えても、もはや異なった「或るもの」ではない。ここでは、すべてが「ただのもの」となり、「或るもの」としての〈深み〉を、すなわち、文脈性と両義性が欠落することになる。

それでは疎外の回復は不可能なのであろうか。すなわち、疎外の喪失は不可逆なのであろうか。たしかに不可逆の大きな流れが生じているように見える。この流れに抗することは、なかなか難しい。解決の手がかりは、どのように見いだせるのであろうか。問われた事柄が根本的な場合、問題解決のためには、ただ基本に立ち戻るしかない。それでは、基本とは何か。

これまでの論述を踏まえれば、疎外が「もの」であることにある。疎外の深み、その多層性と捻れを担保しているのは、「もの」の両義性と文脈性にあった。たしかに疎外や〈本来性の疎外〉の喪失は、深刻であり、歴史の大きな潮流も、こうした方向に棹さしているように見える。安易な展望を語ることはできない。むしろ、疎外論の壊滅が辿ったように、疎外そのものも、また、生きられた世界として失われてしまうのであろうか。疎外論の壊滅は、疎外の喪失の前駆ではないのか。

いずれにせよ、疎外といったものを語ることが、そもそも無意味化してしまったのであろうか。むしろ別なる方向を模索すべきなのではないか、冷静に反省してみるべき時であろう。たしかに疎外論の崩壊と疎外の喪失とを同列に考えることはできない。あくまで区別されるべきである。

しかし同時に、区別を明確にすることは、なかなか難しい。なぜなら、疎外でもって簡単に語れない現実があるからではないのか。従来の疎外論では明らかにならない、また、論じられてこなかった側面が表面に現れているのではないのか。疎外とは何かが問い直されている。さらに問いそのものが不明化している。当然、解答も多元的となり多様化する。もはやヘーゲルのように「自己疎外的精神」について安易に語ることはできない。「精神」の所在が不明なのである。

しかしまた、この不明のままに壊滅した疎外論の前了解のうちに、何か手がかりは見いだせないであろうか。「精神」や〈本来性の疎外〉が、あたかも自明のように語られた前提には、何があったのか。生きられた〈プロセスとしての疎外〉との接点を改めて探ってみよう。

本来性の観念は、微妙で複雑な含意を帯びている。「本来性」を身近な観念にさせていた要因、ある事態を許せないと突き動かす根本の要因とは何か。日常性を構成しているコモンセンスや良識は、それが作動している場合、たしかに生活のアンテナであり、たえず方向を示してくれる。同時に、そこには本来性の観念が付きまとっている。そしてそれが良識を「良識」たらしめている。

良識と本来性の観念とは融合している。逆に言えば、この一体性が疎外の転倒を不自然・異様と感じさせない根本の要因である。ここには日常性のパラドックスが働いている。日常性とは既述のように〈生きられたプロセス〉としての疎外である。しかし他方、日常性は、この疎外を括弧にいれ、いわば〈疎外の疎外〉として成り立っている。むしろそれが普通の日常性として理解され通用している。

かくして課題は、この二つの日常性のパラドックスを解くことである。パラドックスの解決は、その否定や無視によっては解消しない。パラドックスを理解し、通路をつけることである。このことは一見するほど困難ではない。〈非日常性〉がたえず介在しているからである。自明の日常性は、非日常性と一体となって成立している。日常性とは非日常性の連続である。

この連続の経験は、日常性を〈疎外〉として捉える方向へと促す主たる要因である。〈生きられた疎外〉は一つの哲学的な世界観である。非日常性が織りなす日常性の世界は、日常を生きる人の共有された世界了解である。しかし、その世界了解がそのまま世界観としての〈生きられた疎外〉に転化するわけではない。

これまで既に、「ものの思想」について語ってきた。また、その両義性と文脈性とに言及してきた。ここで〈生きられた疎外〉について述べてきたことは、この「ものの思想」を力動的に捉え直すことを意味する。繰り返し確認すれば、「もの」とは「ただのもの」ではない。何よりも「或るもの」である。

これまで、「或るもの」を「或るもの」たらしめる根本の要因を探ってきた。「或る」ということの意味が明確になって、はじめて「ものの思想」はその帰結を得ることになる。そして、プロセスとしての〈生きられた疎外〉を語ることによって、「或る」ことの意義はより明確なものとなる。「ものの思想」は〈生きられた疎外〉として力動化され、日常の生活において働く具体的・現実的な思想となることが期待される。

同時に問うべきは、いったい今、なぜ〈生きられた疎外〉を強調しなければならないのかである。これまでの論述が既に示唆しているところであるが、「疎外の疎外」という仕方において、さまざまな社会的抑圧が生じるとともに、同時に隠蔽されていることである。抑圧を「抑圧」として捉えることが困難になっている。

日常の営みにおいて、抑圧を抑圧として感受するセンスの去就が問われている。たしかに、そうした感受は個々には絶えず生じている。しかし問題は、そうした個々の感受が統合され、コモンセンスとして成立することである。個別の感受はきわめて危ういものである。変質し、すぐさま別のものと化す。コモンセンスを立ち上げ、その質を維持させるものこそ、まさに〈生きられた疎外〉の役割である。

補遺

第六章　「思想」と「哲学」の〈間〉
――『日本倫理思想史』（和辻哲郎）への一視角

（一）「倫理思想史」とは何か

『日本倫理思想史』は『倫理学』と並ぶ和辻哲郎の主著をなすものである。古代から近代にいたる「倫理思想」の歴史が、豊富な文献資料に基づき、生彩かつ輪郭豊かに描かれている。一人の著者による構想力のある通史として、この著作を超えるものは以後、書かれていない。この意味において、本書は〈古典〉としての位置を占める。

もちろん、このことは本書がさまざまな問題点を抱えているということと矛盾しない（いくつかの基本的問題について岩波文庫版の解説者である木村純二氏が既に指摘しておられる）。むしろこれまでは、和辻の全体構想を考慮せずに、賛成・反対の次元で論じられてきたといってよい。一九五二年に刊行されて七〇年近くになり、ようやくこれから、和辻の「倫理思想史」の構想が孕む根本的な矛盾が解き明かされる研究段階に達したということができる。

この解明の作業において、そこでまず問われるのは、どこから着手すれば良いのかということである。個々の問題点はいずれ通底することになるにせよ、現時点においては和辻の構想の核心的な問題性を浮かび上がらせる基本視角について考えてみなくてはならない。それは『日本倫理思想史』研究の今後の発展のための礎ともなる。

こうした問題意識の下に、本稿では和辻の「日本倫理思想史」構想の問題性を明瞭にするための基礎的な視角について考えてみたい。まず、最初の基本的な確認は、和辻がこの著作によって、「日本倫理思想史」という研究ジャンルを初めて切り開いたということである。余りにも自明なことであるが、他面で異様な事柄である。今日、「思想史」という言葉は、芸術思想史や科学思想史など様々な分野について適応できる、きわめて曖昧模糊とした用語と化している。

しかし、和辻が「倫理思想史」を提唱したとき、その領域確定は和辻固有の特異な問題意識に基づいてなされたのであって、その特異さが明確にされなければならない。なぜなら、和辻の領域確定は、たんに「倫理思想史」の領域を超えて、「思想史」という広範なジャンルの形成にも少なからず影響を及ぼしていると考えられるからである。その影響を明確にし、批判的に吟味しておくことが、われわれの「思想」の営みを考えるうえで、今日なお必要である。

（二）輸入学問としての「倫理学」

奇妙なことのように思われるかもしれないが、インド哲学や中国哲学と同じ意味で「日本哲学（倫理学も含め）」を語ることはできないのである。何故に語ることが現在もできないのか。その経緯を雄弁に説明してくれているのが、まさに和辻の『日本倫理思想史』なのである。

第二次大戦の敗北を思想的に総括した書物である『鎖国』（一九五〇年）を書き上げ、その歴史的反省を踏まえて、『日本倫理思想史』が編まれることになる。内容の多くは戦争以前に既に書かれたもの、もしくはその修正された諸論考の集成から成っている。ただ本書の冒頭に置かれた「緒論」は、新たに書き下ろされたものであり、集成の時点における和辻の見解が端的に示されている。

和辻は『日本倫理思想史』の冒頭、その「緒論」において、「倫理」と「倫理思想」と「倫理学」との区別について、独自の説明をおこなっている。それは和辻の「哲学」理解を前提にして初めて了解される独特な性格をもつ。何故に和辻はこうした区別をしなければならなかったのか、その経緯を理解しなければ、本書を読み進めることはできない。

和辻はまず、「倫理」を「存在の理法」（岩波文庫版、第一分冊、一七頁――以下、引用は文庫版による）と呼び、その普遍性を強調する。しかし、先回りして一言しておけば、この「存在の理法」とは、「人間」の社会生活に作用しているルールを、きわめて形式的な側面から「理法」として普遍性をもたせたものにすぎない。なぜならルールが如何なるものであり、そもそも何がルールであるのかは、まさに現実の歴史的な社会生活の内実をみなければ何も確定しない空疎なものにほかならないからである。したがって普遍的な倫理が、さしあたり「存在の理法」として想定されているだけである。

「存在の理法」としての「倫理」が孕む問題性については、最後に論ずる。「倫理思想史」の構想における核心は、「倫理思想史」と「倫理学史」との関係であり、その判定の基準は、和辻による独自の「倫理学」の把握にある。「倫理学」や「哲学」といった場合の「学」という概念の理解をめぐって、その「学」の成立要件を和辻は厳しく問う。

例えば、「儒教の倫理学」について以下のように語られる――

儒教の倫理学が江戸時代に栄えたのは、日本側にも歴史的必然があったからだと言える

> であろう。しかしそういう歴史的な脈絡は、倫理思想の変遷のなかにはたどることができるであろうが、儒教の倫理学自身の内容のなかに見いだすことはできないのである。だからわれわれは、この倫理学の摂取をも倫理思想史のなかに一つの現象として取り扱い、学問の歴史をたどることを断念したのである。（同上、二三頁）

ここで言われるのは、江戸儒学においては「倫理学自身の内容」の歴史的展開（＝「歴史的必然性」）を辿ることができないという理由である。しかし当然ながら、江戸儒学は儒学者たちの論議を通じて、学的な展開を遂げたのである。この自明の事実を和辻は見ようとしない。なぜそのことを評価しないのであろうか。その背景にあるものが問われる。

なぜ「学問の歴史」を辿ることができないのか。さしあたり与えられる答えは、「日本の歴史の多くの時代においては、厳密な意味で倫理学と呼ばれてよいようなものは、まだ現れていない」からである。しかし「厳密な意味での倫理学」とは、いったい何なのであろうか。所詮、それは西洋原産の「哲学」や「倫理学」のモデルを範型として捉えただけなのか。

例えば中江兆民の場合である。彼が『一年有半』（一九〇一年）において、「わが日本古より今に至るまで哲学なし」と断じたとき、江戸時代の儒学についても「仁斎徂徠の徒、経説につき新意を出せしことあるも、要、経学者たるのみ」（岩波文庫、三一頁）として、「儒教の倫理学」は明快に否定されている。そのうえで明治の文明開化を真に根付かせるために、「カントやデカルト」のような本物（？）の「哲学」の必須であることが説かれる。

他方、それでは和辻の場合はどうなのか。ここにおいて「儒教の倫理学」は、その「厳密な意味」の理解において、ある曖昧さを含んでいる。江戸儒学の学的性格について和辻は以下のように釈明する――

> 江戸時代の儒学は、大体において倫理学にほかならぬであろうが、しかしこの倫理学は、日本の社会に発生した倫理思想が学的に反省されてこの「体系」にまで到達したというわけではないのである。そういう倫理思想は実際に日本の歴史に添うて目ざましく展開しているのであるが、しかし儒教の倫理学はそれとは関係なく、宋から輸入されたのである。
>
> （第一分冊、二二三頁、傍点和辻）

ここで立ち止まって、詮索してみなければならない。二つの問題が指摘されよう。一つは、「厳密な意味」における倫理学と、「大体」における倫理学との区別をめぐってである。大体における倫理学を「広義の倫理学」と呼べるとすれば、厳密な意味での倫理学を「狭義の倫理学」と呼ぶことができよう。

その場合、「広義の倫理学」は、和辻によれば、「体系」をなしているのかどうかによる。倫理についての一貫した包括的説明への志向と、その「学的な反省」（＝「懐疑」）が必要な要件として求められる。包括的な説明への志向だけでは、神話の世界から離れられない。そして、こうした「広義の倫理学・哲学」として、中国哲学やインド哲学といったものが考えられる。

また、こうした広義の倫理学の歴史として、「倫理学史」というものが存立することになる。そして和辻は、日本における倫理学史という課題に直面する。しかしここにおいて、彼は大きな転換を遂げる。なぜなら、日本には「広義の倫理学」が存在しないのである。これは特異な把握である。たとえ最初のキッカケが輸入学問であったとしても、その国や地域における「教えへの懐疑」として、当然のように「広義の倫理学」が形成されていく。

しかし和辻独自の判断によれば、日本の場合、輸入品はあくまでも輸入品に止まり、「倫理思想」とは関わりなく存続していくのである。かくして奇妙な構図が描かれることになる。倫理思想は倫理思想として歴史の展開に添って大きく発展していく。同時に他方、「倫理学」はあくまで輸入品としての性格を堅持し、倫理思想と交わることなく、輸入学問に止まり続ける。

この奇妙な構図は、たしかに一面において、「輸入学問」としての日本の「学」の性格を指摘するものである。しかしながら他方、当然、輸入学問はその純血性を維持することはできない。志賀重昂のいう知的な「胃管」のなかで輸入学問は咀嚼され吸収されていくことになる（――「只泰西の開化を輸入し来るも、日本国粋なる胃官を以て之を咀嚼し之を消化、日本なる身体に同化せしめんとする者也。」『日本人』第二号所載、『「日本人」が懐抱する処の旨義を告白す』、『志賀重昂全集』第一巻、五頁）。そこには選択的受容が働いている。消化されない残滓は、ただ排泄され消滅するだけである。

ここにおいて、輸入学問としての「倫理学」に拘り続けた和辻の意図が問われることになる。いったいそこに、何か積極的なものを見いだすことができるのであろうか。

(三)「思想」と「哲学」

改めて和辻の見解を確認しておく。「広義の倫理学」は、中江兆民の判断とは異なり、江戸儒学の展開という形でたしかに存在したのである。ただし和辻の主張の独自性は、この江戸時代に展開した儒学について、その輸入性の側面をきわめて強調したことにある。この和辻の立場は特異である。

まず指摘すべきは、「宋からの輸入」をめぐって、明らかに問題のすり替えがなされている。問われるべきは、倫理思想の「目ざましい展開」と、輸入された儒学（宋学）の理論展開との関係が問われなければならないはずである。輸入されたにせよ、宋学は「咀嚼」され、江戸儒学は独自の理論展開を遂げたわけである。当然、この両者の関係を解き明かすことが課題となるはずである。江戸時代の倫理思想と倫理学（＝儒学）の発展とが、まったく無関係に展開を遂げたと考えることは不合理であろう。

そこで第二の問題が問われる。そこまで和辻をして無理を強い、両者の関係を無視させ、その関連についての探究を断念させ、選択的受容の自明性を等閑させた動機は、いったい何なのであろうか。舶来品の珍重は普遍的な現象である。少しでも世界的な視野で考えてみれば自明のことである。しかし和辻は、この「珍しさ」の日本における特異性に拘るのである。

日本の「珍しさ」についての和辻の強調は、結果的に、日本における「広義の倫理学」の不在となる。そして彼は、そうした事態を招いたことについて、自らも嘆くことになる――

われわれはここに日本の「倫理思想史」の叙述を企てているが、それは「倫理学史」よりもめんどうであって、できれば学問の歴史としての「倫理学史」に仕事を限りたいのである。倫理学史であれば、われわれは倫理学の著作だけを材料として、その歴史的理解に力を集中することができる。（二二一～三頁）

たしかに、ここには一面において方法論的な自覚が鋭く働いている。また、「思想」と「哲学（倫理学）」との相違を捉える和辻の優れたセンスが窺われる。さらに言えば、結果として、「倫理思想史」という新たな領域を確立することになったわけである。しかし他方、「学問の歴史」を広く一般的に考えるならば、この相違は副次的である。「科学」という言葉を考えてみれば、そもそも「科学的精神とは何か」について論ずる前に、まず素直に「科学史」がある。例えば、「医学」の著作だけを材料にして、初めて「医学史」が成り立つのであろうか（既に遠く、日本医学史の古典である富士川游の『日本医学史』が刊行されたのは一九〇四年である。そこでは「有史以前の医学」から始まっている）。いずれにせよ、「医学思想史」という領域を特別視する必要はないのである。「思想」という包括的で曖昧な用語法を考えれば、なおさら明らかである（「文学史」と「文学思想史」、「美学史」と「美学思想史」、等々）。

したがって、問われているのは、「倫理学史」と「倫理思想史」という関係を異質なものとして敢えて対置し、特別な領域としての「倫理思想史」を構想する和辻の特異な立場についてである。さらに、こうした対置を和辻にさせた背景にある契機が問われる。そしてここにおいて、改めて和辻における「狭義の倫理学」と輸入性との関わりを考えてみなければならない。すなわち、いわば両者の〈共犯関係〉ともいうべき関係性についてである。

(四)「外来性の意識」について

ここで二つの関連する背景について論じておく。一つは「狭義の倫理学」の不在についての和辻による説明の仕方である。「狭義の倫理学」、もしくは厳密な哲学的倫理学の近代日本における未成立（＝不在）ということを、和辻は確定的な事実であるかのように語る。そのさい、その根拠として挙げられるのは、非哲学的言語としての「日本語」をめぐる言語学的・論理的な問題であり、もう一つは、「鎖国」という歴史的な問題である。

最初の問題から始めよう。和辻は既に一九二九年、論文「日本語と哲学の問題」において、「国民的特性としての言語」について語り、日本語の特性を指摘し、そこから日本語が「芸術の方向において異常に進歩していながらしかも学的認識の方向においてきわめて単純であるという特質」(『和辻哲郎全集』第四巻、五一八頁)を引き出してくる。

ここから和辻は、日本語による哲学的・概念的思考の困難さを一方的に強調し、「学的認識」の確立を遥か先のこととした――「もし近い将来に日本語をもって思索する要求が現れてくるならば、日本語はその永い歴史の後に初めて体験の表現から概念への進路を経験することになる。それはドイツ語がゲーテやヘーゲルの時代に経験したことであった。日本語はそれに比して一世紀半遅れているのである」(同上、五二二頁)。

この言明は、「文人」和辻と「倫理学者」和辻との相克であり、後者の敗北についての自己宣告である。言い換えれば、和辻の『倫理学』が偽物もしくは紛い物であることを自ら表明していることになる。なぜなら、そこには真の意味で「思索する要求」がないからである。この限りにおいて、和辻を批判した戸坂潤のいう「文学主義」の批判に屈したものと言える(この点について拙著『増補　和辻哲郎研究―解釈学・国民道徳・社会主義―』第九章、参照)。

しかしまた、この「芸術」と「哲学」の敵対という和辻による対置は、ただ不毛なだけのものでしかないのであろうか。対置の背景にある意図を、さらに和辻のなかに探ってみなければならない。その解明に入る前に、「鎖国」という歴史的な問題に触れておく。

和辻は『日本倫理思想史』をまとめる前に、まず『鎖国』を書き、「学」もしくは「哲学」

の未成立の歴史的背景について論じている。彼は鎖国の功罪について述べ、鎖国の結果、「われわれがいかに多くを失ったのかということも承知していなくてはならない」（『和辻哲郎全集』第一五巻、一六頁、傍点和辻）と、その多大な損失について指摘する。そしてその損失の最たるものが、「西欧近代を特徴づける思想の自由・無限追求の精神」の欠落であり、その結果、「普遍的な倫理を把捉しようとする無限探究の努力」の喪失であり、「哲学（倫理学）」の未成立という事態に陥ることになったとされる。

しかし、鎖国による普遍的な「学」の未成熟という歴史的な説明は、それだけでは不充分である。それは近代世界における日本の「学」の遅れについての一般的な説明でしかない。むしろ和辻が強調しようとするのは、鎖国がもたらした「外来性の意識」の新たな成立である。仏教であれ儒教であれ、既に日本文化の血肉となっている部分を、改めて「外来文化」として新しく意識させたところに、鎖国の最大の問題が潜んでいるのである――

日本文化の華はこれらの先進文化の地盤において開いたのであった。従ってそれらの先進文化は日本文化にとって血肉となっている。それらを消し去ってしまえば、日本人の創造的な仕事の大部分は、つかまえどころのないものになってしまう。しかもその血肉が外来的性格を失わないということ、すなわちおのれ自身が同時に他者としても感ぜられるということ、それが世界に珍しい鎖国の状態によってひき起こされた日本文化の一つの特徴なのである。（第一分冊「緒論」、二六頁）

鎖国が「外来性の意識」を立ち上げさせたのである。そしてそれが、まさに日本文化の「珍しさ」を形作ることになった。この和辻の説明は、きわめて両義的である。一方では、「外来性の意識」を持ち続けていては、普遍的な「学」への展望は開かれない。輸入学問は輸入学問のままである。その意味で和辻は、「江戸初期以来の儒学者の廃仏運動」や「江戸時代中期以来の国学者の排外運動」をきびしく批判することになる（第一分冊「緒論」、二五頁）。

しかし他方、ここで和辻は、その議論を大きく旋回させる。すなわち、鎖国が生んだ「外来性の意識」を日本文化一般の特徴とするのである。その結果、まさに評価が逆転する。すなわち日本は「現在の世界の文化国」のなかで唯一、「原始時代以来一つの連続した歴史を形成し、そうしてその原始時代以来の伝統をなおおのれのうちに保持している」のであり、その基礎に「原始時代以来の社会構造の変遷が、他民族の侵入や支配や干渉を受けることなしに、二千年にわたって行われた」という背景を持ち出す（同上、三六頁、傍点和辻）。

ここからきわめて特異な「日本倫理思想史」の構想が生み出されてくる。すなわち、原始時代以来の一貫した「伝統」を、まったく自生的な「社会構造の変遷」のなかに跡づけていくという作業である。和辻はその「変遷」を六つの時代に区分し、それぞれの時代に「独自な倫理思想」を立てる。しかし、ここで注意すべきは、各時代の「倫理思想」が以前の「倫理思想」を否定せず、たえず継承されていくことである。その結果、「倫理思想の伝統」が一貫して保持されることになる（同上、四五頁、傍点和辻）。

したがって和辻にとって重要なのは、各時代の創造を通じて、「倫理思想の伝統」を明らかにすることである。それゆえ、各時代の「倫理思想」は並列的ではなく、一個の「伝統」の自覚的展開という形を取って現れることになる。その核心をなすのは、なによりも最初の時代を画する「神話伝説」の時代である。そこでは「広汎な祭儀的統一」という形において、「精神的共同体としての国民的全体性の自覚」がもたらされたとされる（同上、五六頁）。

記紀の神話の解釈のうえに成り立つ、この最初の「国民的全体性の自覚」は、「祭事的統一者の権威への帰属」を核とする「倫理思想」として、「清明心の道徳」と名付けられる。その内容は、「清き心」を軸にして「慈愛」と「社会的正義」の尊重を説くものとして現れる（「緒論」第三章）。重要なことは、この最初の「国民的全体性の自覚」にはらまれた諸契機が、以後の各時代の「倫理思想」において、より明確に自覚・展開されていくということである。まさに、「倫理思想の伝統」の成立である。

(五)「国民道徳論」をめぐって

以上、「外来性の意識」を介した、「つかまえどころのないもの」としての「珍しさ」の去就について検討してきた。その「珍しさ」は、とりわけ「鎖国」によって顕著になったわけであるが、結局、その現象は各時代に通ずるものとして一般化されることになる。その結果、「珍しさ」は日本、その精神的核心をなす「倫理思想」を積極的に特徴づける「伝統」として、きわめて肯定的に捉え直されることになった。

しかし、この「伝統」はうまく維持・継承されたのであろうか。そこに調和的統一は実現されたのであろうか。和辻自らが危惧していたように、はたして「あたかも尊皇思想だけを日本の倫理思想と考えているかのような誤解」は払拭されたのであろうか(第一分冊「序」、一四頁)。結局、問題は現代の評価であり、最後の第六段階にある。「鎖国」が「珍しさ」の存在を浮かび上がらせたとすれば、対比的に「開国」は、その「伝統」に新たな試練を課すことになる。

ここで和辻は、「国民道徳論」という難敵にぶつかる。「精神的共同体としての国民的全体性の自覚」の中核となる「祭事的統一者の権威への帰属」は、「近代」において、西洋と同様の「立憲君主制」の形態を取って「新しい国家組織」が形成されるはずであった。また、和辻によれば「国民的感情」の土台も既にできあがっていたとされる。しかし「立憲君主制」への道は滑らかなものとはならなかった。いったい何故なのであろうか。

明治政府はその帝国憲法において、たとえば「天皇を大元帥として、統帥権に特別の地位を与える」ような「混淆や時代錯誤」が生じた。それは「天皇を将軍と同一視」する「封建的な武士の君臣意識」の為せる技であって、要するに「明治政府の要路にあった封建武士のしわざにほかならない」ということになる（同上「緒論」四三～四頁）。そしてこの「わざわい」を拡大したのが、「官憲の手によって教育者の間に押しひろめ」られた「国民道徳論」なのである（第六編第二章、第四分冊、三三二頁）。

「倫理思想」の第六段階として、今や「東洋道徳と西洋道徳との統一」が期待されたにもかかわらず、まさに逆転して、「わが国特有の国民道徳」を一方的に強調する「国民道徳論」が、「日本の大きな癌」となってしまったのである（同上、三三五頁）。和辻の悲憤慷慨ぶりを示しておこう――

ある国民において、歴史的に作り出された特有の道徳が、そのまま現在の実践の場合に規準として役立つなどということは、非常な嘘である。……。封建的な忠君の中身を天皇への忠誠とすりかえているごときはその中の罪の重いものである。……。忠と並べられる孝の徳に至っては、家族道徳であって国民道徳でないこと、一層顕著である。しかもこの忠孝が「わが国特有の国民道徳」であり、そうしてその国民道徳は国民の立場での道徳を意味すると主張されたのであった。ここに原理の問題と歴史の問題との二重の混淆がある。……。このような混淆の産物である国民道徳論が明治末期に栄えたということは、明治時代にとってきわめて不名誉なことであった。（第四分冊三二一～三頁、傍点和辻）

しかし、こうした悲憤慷慨だけでは、なぜ教育勅語のなかで忠孝が「国体の精華」とされたのかの充分な説明にはなっていない。また、「もし教育勅語をもって明治時代の倫理思想を代表させ得るとすれば、その特徴は古今東西に妥当すべき道を説くという点であって、天皇尊崇とか忠孝とかを力説することではない。これはあの勅語の内容を平静に検討すればわかることである」（第一分冊、四六頁）という和辻の説明も、ただ「平静に検討」すれば分かるようなものではない。それは和辻の一つの希望的な解釈でしかない。

むしろ「外来性の意識」は、「国民道徳論」と親和的ではないのか。「国民道徳論」への和辻による激しい非難の言葉は、「鎖国」によって目覚めた「外来性の意識」にそのまま妥当するのではないのか。その相違を明確にするためには、なによりも「国民」の成立についての和辻自身による新たな分析が必要である。しかし和辻による説明は遂になされなかった。「国民の不在」という事態の上では、「国民道徳論」への非難は有効ではない。それは机上の空論であって、一方的な断罪にしか過ぎない。

かくして、近代国家に相応しい国民道徳について、和辻による積極的な提示は為されないまま、この長大な『日本倫理思想史』は、あっけなく幕を閉じてしまう。きわめて不自然な結末を遂げていると言わざるを得ない。こうした結末を生じさせた要因は、いったい何なのか。なぜ和辻による国民道徳の提示が為されなかったのかという問いを立てるとき、「尊皇思想の伝統」という「珍しい」国である日本と、近代国家に相応しい「国民」の不在という、架橋できない溝に和辻は直面したのではないのか。

和辻は「鎖国」とその弊害の原因を、「為政者の精神的怯懦」に求めた。また、「開国」の躓き（＝国民の不在）を、古い「藩閥政府」の支配とその官憲に結びついた「国民道徳論」とに求めた。しかしいずれにせよ、ただ為政者への非難だけでは説明できない事態が空しく残されることになった。

おわりに

最後、再び「つかまえどころのないもの」としての「珍しさ」に立ち戻って、まとめとしたい。この論題は、「思想」と「哲学（倫理学）」との関わりについての和辻の議論を根本において支配している。

一貫した「伝統」のもとに、「原始以来の社会構造の変遷」を辿りながら、その固有の「歴史」を語ることが、「日本倫理思想史」という〈特異な領域〉を成立させることになった。そしてその伝統は、「珍しさ」を際立たせる「外来性の意識」と表裏一体のものであった。そこには、輝かしい「伝統」とともに、「鎖国」と「開国」が示す負の側面が併存していた。

こうした和辻の議論は、一般化して言えば、文化相対主義と自文化中心主義との危うい関係を示唆しているものと言える。一方において和辻は、徹底して倫理の普遍性を強調しながら、同時に他方、その普遍性がそれぞれの地域や歴史において、あくまでその特殊性において現れることに拘った。

この普遍と特殊との和辻独自の弁証法は、しかし、危うい均衡のなかに成り立っている。この〈危うさ〉について、和辻はどれほど自覚していたのであろうか。この弁証法は、裏面から見れば、たえず普遍は特殊に還元されて空疎化され、他方、特殊は独自の存在性を誇ることになる。

たしかに他文化への眼差しがある。とりわけ先進的と見られた他文化への意識が鋭く立ち上がっている。むしろ過剰とも思える先進国への関心がある。その関心は自文化への相対化を生む。ここには、文化相対主義の成立が見られる。しかしこの文化相対主義は、そのまま自己を維持することができない。他文化への過剰な関心は、たえず反転する。その関心の対象は外から内に向かう。

文化相対主義が自文化中心主義に転化することは、容易に見て取ることができる。他文化の意義は、ただ自文化を豊かにさせるための手段と化すことになる。その結果、他文化を吸収した自文化の優位を説くに至ることは、ある意味で必然的であろう。和辻において「外来性の意識」が果たした役割は、こうした性格のものであった。

こうした問題点を踏まえたうえで、改めて和辻の「倫理思想」の可能性について考えてみたい。それが表題に掲げた、「思想」と「哲学」の〈間〉《あいだ》という論点についてである。「哲学」という翻訳輸入の観念は、人びとの思索の在り方にさまざまな波紋を呼び起こした。その波紋は、一世紀半を経た現在においても続いている。しかし波紋は、ただ思索に断絶をもたらしたものとして、たんに否定的な役割を果たしただけではない。

むしろそこに積極的な意味を見いだしてみたいのである。断絶の意義を積極的に捉え返すと
き、〈間〉という観念が生まれる。自らの思索にたいする新たな意識や態度の成立である。日常の日本語の世界において、「哲学」は各人の人生哲学もしくは処世訓を表すものとして使用され、他方、「思想」は世間（もしくはその一部）に通用する考え方や見方、さらにはイデオロギーといったものを指す言葉として漠として理解されている。そこから、いわゆる「思想問題」も生じることになった。逆を言えば、「哲学問題」は生じない。「哲学」は各人の次元で処理をされて、それについて相互に論議することは、趣味的（美学的？）なことであり、野暮なこととして忌避される。

そのことは「哲学」の未確立という和辻の断定を、今もただ裏付けるものなのであろうか。そうではないように思われる。ここでは別の視点から考えてみる必要がある。趣味判断の形をとって、むしろ「懐疑」が成立しているのではないのか。すなわち懐疑を、たんなる世間の常

識として、〈哲学以前〉と見做すことが、そもそも誤っているのではないのか。そうした態度からは、これからも「哲学」は成立しないであろう。趣味判断として生きた懐疑が働いている。そこに「哲学」の現場がある。

〈間〉を考えることは、新たな思索空間としての「哲学」の可能性である。きわめて個人的な事柄と見える「哲学」において、思索の新たな様式がみられる。自己の判断が、そこにはある。懐疑する自分が成立している。それは「哲学」成立の必要不可欠の要件である。「思想」において既に働いていた選択的受容は、懐疑する自分を介して、改めて「哲学」となる。

たしかに「哲学」の輸入において、西洋近代哲学は哲学の典型・模範とされた。しかし今、多様な「近代」があり、多様な「哲学」があることは、もはや自明の承認されたものとなりつつある。そしてこのことの相互の承認のうえに、さまざまな哲学について、互いの理解と交流が進むであろう。

内と外との反転ではない。そこには〈間〉がない。他文化と自文化との反転でもなく、中心と周縁との角逐でもなく、ただ〈多文化〉への遙かなる眼差しのなかに、「哲学」という文化の営みが、はじめて立ち上がることになる。その本格的な営みは、まさにこれからである。

第七章　井上哲次郎の現象即実在論について

——明治期日本の思想空間

（一）思想空間としての〈哲学と宗教〉

西洋近代の特殊が相対化され、近代性をめぐって「日本近代」や「中国近代」などが「個別的普遍」の位相において語られる思想状況にある。そのとき重要なのは、それぞれの「近代」の性格を捉えるための適切な視点や基準の設定についてである。近代を見る視角（＝異同の間）が自覚的で明確になっていなければならない。この欠落が思想的混迷の一つの要因ともなっている。ここで提起したいのは、一つの視角としての〈哲学と宗教〉という構図の設定である。この視点は、「日本近代」の性格を語るうえで有効と考える。「哲学」と「宗教」という、再解釈もしくは翻訳語として輸入された用語が、それぞれの固有値を模索しながら、その作業が全体として新たな思想空間を形成する。はたしてそれは豊かな歴史的伝統を汲み上げることにおいて成功したのか。先回りして言えば、その大きな期待にもかかわらず「哲学」と「宗教」は、それ自体としては依然として翻訳輸入の言葉の域を充分に脱していないのではないのか。そしてその影響は、日本近代の性格に刻まれている。日本近代における〈哲学と宗教〉という思想空間もしくは枠組みの創造（＝再編）という課題を設定する所以である。

　こうした議論の前提には、まず鎖国下、江戸の「近世」がある。宗教改革でありキリシタンの問題である。個人の「信心」の所在と、「家の宗教」との相対的な分離・独立、その承認がある。宗門改めと寺請制度である。「信心」という個人アイデンティティは、狭いながらも承認される。そして、「家の宗教」のうえに〈町人道徳〉は発展する。それは日本近代を準備する。再編された武士道倫理と町人道徳とは、その主たる契機をなす。「近代」は「近世」の継承であり、列強対峙の帝国主義の下、「開国」という近代化を推し進め、その歴史的な個性を刻むことになる。

　この「近世」の意義・役割について、「心学」に関わって瞥見しておきたい。商人層が自らの活動の社会的意義・役割を積極的に肯定することは、幕藩体制の階層制度のなかで、きわめて難しいことであった。石田梅岩の『都鄙問答』を読むとき、その問いかけの愚直なまでの徹底に感慨を覚える。今日のビジネス感覚で捉えることは、梅岩以下の心学運動の広がりと、その思想的核心を逸することになろう。自らの営為の社会的意義についての深刻な疑義と、それに対する回答は、まさに身を賭しての思索であった。梅岩は『都鄙問答』（巻之二）のなかで次のように言う[1]――

商人は直に利を取るに由ってたつ。直に利を取るは商人の正直なり。利を取らざるは商人の道にあらざるなり。……。士は元来位ある臣なり。農人は草莽の臣なり。商工は市井の臣なり。商人の売買するは天下の相（たすけ）なり。

ここには儒教倫理を背景に、営利活動にたいする強固なモラルが語られている。「市井の臣」として、自己肯定が愚直・素朴な仕方でもって遂行されている――「屏風と商人とは直《すぐ》なれば立つ」。その思索の素朴さは、けっして非難されるべきものではなく、むしろ思想的に煮詰められた性格のものであろう。心学運動の広がりは、この思想的な徹底さに基づくところが大きいと評価される。

こうした全体評価を考慮するとき、儒教倫理と心学との相違は副次的と思えるかもしれない。しかしまた、その相違は興味深い。心学が士農工商の厳密な階層身分を前提に商人倫理について語っているのは、これまで心学の〈前近代性の証し〉として捉えられてきた。儒教倫理における普遍性と比しても遅れているように見える。しかし単純にそのように言えるのであろうか。ここにはパラドックスがあるように思われる。すなわち遅れではなく、むしろそれは江戸幕藩体制の下における経済活動の活発性・有力性を反映している現象として捉えるべきではないのか。商人層の経済活力は幕藩体制の基盤であり、それを支える最も有力な要因である。商人層の役割や位置づけは、きわめてアンビバレントである。体制維持の死活問題である。

　商人層自身の方も、この体制から利害を得ている。「市井の臣」であることは、後進性の現れではなく、むしろ商人層の実力を物語るものである。その商人層が自らの営為と存在意義について自覚し肯定しようと考えたとき、その表現はきわめて慎重なものにならざるを得ない。「市井の臣」であることの分を超えることは、すぐさま体制の崩壊に繋がる。その際どい稜線において、まさに梅岩の思索があったように思われる。梅岩以後、心学が庶民化し、社会運動として広がっていくなか、かえって梅岩の厳しい「儒教倫理」の側面は背景化していったように見える。そしてそれは、幕藩体制そのものの社会的・政治的な弛緩と相関的に推移していったと考えられる。

（二）国民道徳論をめぐって

以上、日本の「近世」の性格について、心学を中心に考察してきた。一般化してまとめれば、倫理的に再編された江戸の武士道と町人道徳とは、日本近世の主たる思想契機をなす。「近代」は「近世」の継承であり、その上において、列強対峙の帝国主義の下、「開国」による近代化が推し進められ、その歴史的個性を刻むことになる。こうした薄められた儒教倫理と世俗的な思想伝統のなかで、西洋からの「哲学」と「宗教」という舶来品は、どのような変容を被ったのであろうか。

「近世」を前提に近代日本の「哲学」を考えるとき、相関して「宗教」の問題を外すことはできない。両者は双生児の関係にある。ともに「文明」の名のものに、「宗教」（＝「キリスト教」）と「哲学」（＝「科学」）とが、別個の輸入品として、日本の思想伝統のなかに導入された。そのさい旧来のキリシタンや洋学は、「文明」の導入の背景にはなったが、継承された〈伝統〉としての独自性を築くことはできなかった。そこには「開国」による近代化という、成熟を待つことを許さない差し迫った時代状況があった。

問題は、この双生児である「哲学」と「宗教」とが、どのような関係において導入されることになったのかである。ともに輸入品であるとしても、土着のための契機が探られなければならない。西洋思想とは異なる形態・文脈であれ、相互の関係と相違についての一定の自覚なしには、双方ともに土着することは難しい。固有の関係性を築くことによって、はじめて思想的意義を発揮することができる。そうでなければ、いつまでも舶来品に止まることになる。密接な連携関係とは言わないまでも、相互の関わりについての模索がなされなければならない。

たしかに輸入学問である「哲学」が日本の思想伝統のなかで独自の立場を築き自立するためには、諸宗旨・宗派や特定の教団から、さらに江戸儒学から距離を取り、「独立」することが必要であった。しかし、自己を確立するうえで不可欠の契機である〈宗教批判〉の遂行において乏しかった。中江兆民のような例外を除けば、「宗教」との対決の重要性は自覚されていない。そうした対峙の意識なく、ただ「哲学」という学問領域の形式的な確立が目ざされていく。

この形式性は、ある空虚に陥らないであろうか。関係における独自の内実を相互形成できない「哲学」は、アカデミズムの形成以前の存在である。〈輸入学問〉としての性格を強める仕方でしか、その存立を主張できないことになる。空転を深めるなかで哲学アカデミズムが形成されていく。それは本来のアカデミズムの名前に値しないであろう。この問題性は、後で井上哲次郎の主張に即して検討する。ただ、ここで以後の日本哲学の基本動向を確認すれば、大局的には、「哲学」独自の内実の形成ではなく、むしろ西田幾多郎や京都学派に見られるように、その主流は、「宗教哲学」（＝宗教的自覚の深化）としての性格を帯びていく（それをなお「哲学」と呼ぶことは可能であるが）。

こうした「哲学」と「宗教」の未分化をめぐる問題性は、〈国民道徳〉の理解をめぐって思想的混乱をもたらす。近代国民国家における国民道徳の形成は、哲学と宗教との関係性のうえに成長する。逆に言えば、国民道徳は両者の媒介項である。ここでの問題は、この国民道徳への「哲学」の〈関与〉についてである。そしてこの関与は、近代日本の「哲学」にとって核心的であった。そこには井上哲次郎から和辻哲郎まで、その周辺部分を視野にいれると、ほとんど近代日本の哲学史を語ることができる。

それでは、いったい国民道徳にたいして「哲学者」はどのような態度を取ったのか。哲学者の試金石である。井上哲次郎の哲学は、その問題性も含めて、こうした検討に耐える要素をもっている。井上の言う現象即実在の「哲学」と国民道徳の主張とは、表裏一体の関係にある。さらにその先に、神道を核とした「宗教」（「国家神道」）の領域が接続することになる。こうした〈構造の生成〉がまず確認されるべきであり、その問題性も見えてくる。それは「近世」を承けた「日本近代」の性格を浮かび上がらせる。

列強対峙のなかの「開国」の下、近代国民国家の形成を急ぐ日本にとって、国民道徳（ナショナリズム）の問題は、喫緊の課題である。教育勅語は、まさにこの課題に応えようとしたものであるが、その「国民的教育」の必要性・緊急性について、政府公認の勅語解説者・井上哲次郎は、次のように声高に語る[2]――

> 民心四分五裂、悲しむべき情状を呈せり。此の如くにして国の富強を図るも豈に得べけんや。……維新より今日に至るまで、主として形体上の改良を成したり。今より以後、形体上の改良と共に精神上の改良を成すこと期して待つべし。（井上哲次郎『勅語衍義』一八九一年）

この「国民的教育」の必要性について、それでは井上はどのように考えたのか。井上はまず、国民道徳が近代国民国家一般の存立にとって不可欠であるとして、なによりもそのグローバルな普遍性を強調する――

> 孝悌忠信、及び共同愛国の主義は、一日も国家に欠くべからざることにて、時の古今を

論ぜず、洋の東西を問わず、凡そ国家の組織する以上は、必ず此主義を実行するものなり。（同上）

しかし、ここには解決を要する問題が潜んでいる。万世一系の「神話」であり、「神道」の位置づけである。それは「宗教」との関係をいかに付けるのかという課題である。ここで哲学者は「宗教」の問題に直面せざるを得ない。信教一致から祭政一致への移行をどのように説明するのか。帝国憲法の保障する「信教の自由」は守られなければならない。その否定は近代憲法の放棄であり、近代国家・日本の自滅である。

哲学・宗教の未分化・雑居の問題性がここに現れる。教育勅語の通俗解説者としての井上には、同時に「哲学者」としての説明、その理論的な根拠付けが求められている。たとえば陸羯南のように、神道の国家祭祀を単純に西洋の「ナショナル・ライト national rite（国礼）」と等置し、「我国の神道なるものは即ち此の国礼の名なるなり。故に歴朝の天子皇天を祭祀し玉ふには必らず神道の国礼を以てし玉ふなり。祖宗列聖に奉対し玉ふにも亦た神道の国礼を以てし玉ふなり」と性格づけて、皇室祭祀をはじめ「神道」を「国礼」として、「神道なるものは我国の礼なり、敬の表なり、信の徴には非ざるなり」と、「神道」の「信」すなわち宗教性を明

快に否定することは、しかし、「哲学者」井上哲次郎の取るところではなかった。(3)

ここには「神道」と「宗教」との新たに発生した曖昧な関係がある。そして井上には、この新たな関わりについて、「哲学者」としての説明が求められている。井上は西洋留学以前から東洋思想の研究を始め、すでに東京大学において東洋思想史を講じていた。(4) そうした井上にとって、「神道」と「宗教」の関係をめぐって、東洋の思想伝統において〈哲学と宗教〉という新たな理論枠組を構想し、両者を再編・統合することは、自らの課題として受け止められた。

明治二〇年代における井上の現象即実在論は、まさにこうした思想課題に「哲学者」として応えるものであったと考えられる。そしてそれは、〈哲学と宗教〉という新たな思想空間のなかで「国民道徳」を基礎づけるものであった。たしかに結果的に井上は、明治末年以後、「国家神道」に急速に接近し、家族国家論を説くに至るわけであるが、しかしそのことは、二〇年代の井上による理論的営為の意義を否定するものではない。むしろ、正当に評価されることを求めている。

（三）現象即実在論について

井上の現象即実在論とそれが明治哲学に及ぼした影響については、これまでにも既に多くの研究や指摘がある。またその思想的な淵源について、法華経（方便品）の「諸法実相」、および大乗起信論の「真如」といった典拠が語られ、さらにそれは井上や井上円了、清沢満之、三宅雪嶺らの共通の師である原坦山の「仏書講義」からの影響が指摘されている。現象即実在論とはそうした一連の思想の総称である。

従来の研究を踏まえて、ここで注目したいのは、西洋輸入の「哲学」と「宗教」ではなく、〈哲学と宗教〉という新たな枠組みの提示と、その思想史的意義であり、とりわけ国民道徳との関係についてである。これまで、教育勅語のイデオローグとしての井上と、現象即実在論を説いた哲学アカデミズム創立者たる井上とは、必ずしも整合的に説明されていない。また、ときに折衷的で機会主義的な井上の説明態度が、こうした曖昧な傾向を助長し当然視させていたように見える。

しかし井上において、この両者は密接に統合されていたと考えられる。また、この統合の意識に支えられて、井上のきわめて積極的な（ときに場当たり的と見える）言論活動の思想的意義について、はじめて適切に位置づけることが可能になるのではないのか。この点についての説明を試みたい。

東西文化の総合、西洋哲学と東洋哲学の融合を目ざす井上の現象即実在論の主張がどのようなものであったか、まずその要点のみを確認しておく。井上の説明によれば、「唯心論」から「純正哲学」への発展は、三段階の展開を経て成立したとされる。それはあくまでも、理論上の展開としてのことである。現象即実在論（もしくは「円融実在論」）のいう「実在」とはいかなるものなのか。彼はまず、デカルト以来のコギト的な主観（＝「心的実在」）について、以下のように批判する――

哲学の方法、動もすれば主観的に偏するの傾向あるは、吾人が直接に内面的考察によりて実在の観念に到達し得るが故なり、実在の観念は何等の証明をも要せざる直接理証 Unmitterbare Gewissheit なり、如何なる人も已に精神的発達をなせる以上は其心界に於て明晰に自証すべき事実なる、然れども実在は特殊ならざるが故に、差別ならざるが故に、一切の属性を有せざるが故に、是故に之れが観念は茫漠として把握するを得ず、是を以て各自が之れを表象するに当りては同一轍に出づるを最も難しとなす（「現象即実在論の要領」『哲学雑誌』第一二三号、一八九七年、三九六頁）

ここにはコギトの自己明証性の思想的意義についての理解は欠落している。この問題性は、さらに「科学」が「認識」の対象とする「客観的実在」の現象性について、その批判の問題性と表裏一体をなしている――

科学者は往々科学の限域を列挙して、妄にその限域以上に突進するとなさず、……、認識は現象を究明する唯一の能力なりと雖も、実在は認識の対象にあらざればなり、……、吾人が此の如く迂廻なる客観的研究によりて到達する所の客観的実在は即ち吾人が直接に内部に於て自証し得る所の主観的実在と何等の差違もあることなく、彼れと此れとは本と唯々世界の実在と云うべきものにして、客観主観によりて分別すべきものにあらざるなり（同上、五〇一～二頁）

ここにはデカルトにおけるコギトと自然学、さらには近代哲学と近代科学の成立との関連についての明晰な理解はない。「因果」の関係ではなく、「体用」の思考が無自覚に前提され、科学的因果性が単純に放棄・否定されている。ここで興味深いのは、井上は自ら編んだ『哲学字彙』（明治一四年）で、reality について「実体、真如」という訳語を与えたうえで、その参照として大乗起信論の「当知一切法不可説、不可念、故名為真如」の言葉を掲げていることである（明治四五年の改訂版『英独仏和哲学字彙』においても、訳語の数は増えても、この参照文は変わらない。考えは一貫しているのである）。

井上にとって、「説」は「客観的実在」の「認識」であり、「念」は「心的実在」の「直接理証」に当たるものとして理解されていることがわかる。かくして「実在 reality」は、大乗起信論の「一切法」であり「真如」とされる。彼が西洋近代哲学の主観・客観や近代科学についての知見を示しながら現象即実在を説くとき、既にその理解の枠組みとして、「真如」の世界が前提されていたと推測される[5]。

もちろん問題は、そうした枠組みがあることではなく、むしろそのことについての自覚の弱さにある。井上の現象即実在論が恣意的な折衷の感を与えるのは、差違についての明晰さの欠如であろう。かくして哲学学説として一般的に見るだけならば、もっともらしい折衷的な理屈といった以上の印象を拭えない。井上が目ざした東西哲学の壮大な総合ではなく、東洋哲学を背景とした一つの空疎な折衷案に終わっている。

(四) 因果律の「支配」

それでは井上による現象即実在論の主張が無意味であったのか。それはただ、西田幾多郎に引き継がれる日本近代思想の一つの端緒であったに過ぎないのか。井上の理論をただ理屈として一般的に眺めているだけでは、しかし、その理論の〈生きた核心〉が見えてこないように思われる。井上の現象即実在論の評価のためには、異なった思想的文脈のなかで考える必要がある。

ここで考察は再び最初の問題提起に戻ることになる。くり返し確認すれば、現象即実在論の思想課題は、〈哲学と宗教〉という新たな思想空間のなかで、「国民道徳」を基礎づけることにあったのではないのか。すなわち西洋輸入の「哲学」と「宗教」ではなく、〈哲学と宗教〉という新たな枠組みの提示とその思想的意義であり、とりわけ国民道徳との関係についてなのである。媒介項として国民道徳を考慮することによって、はじめてその主張の意義が見えてくるのではないのか。

こうした視点から改めて見直すとき、現象即実在論に触れた井上の諸論文の一つである「我世界観の一塵」の結尾の言葉が、改めて注目される(6)——

精神の外に精神と異なって居る所の実在が客観的にあってそうした夫等が我々に種々の印象を与えるのである。……。此の世界は無始無終に渉って原因結果の規律によって支配されて居る。若し原因結果の規律によって支配されて居らぬで我々が唯一の真理とする所のものを迷妄としたならば遂には吠壇達派（ヴェーダーンタ派）の様な極端な唯心論とならなければならぬ。そうした北方の仏教も吠壇達派と大同小異の唯心論、併し夫は全く古人の謬見より起こった世界観と我々は見るのであります。獨り実在論のみが我々の今日取るべき確実にして健康なる世界観であると考えます。（「我世界観の一塵」『哲学雑誌』八九号、一八九四年）

ここで井上は、「実在論のみが我々の今日取るべき確実にして健康なる世界観」なる思想として、現象即実在論を推奨している。「原因結果の規律によって支配」と、「健康なる世界観」とが強調されている。この二つの異質な要因を結び付けているものは、いったい何なのであろうか。井上にとって、因果律の支配を力説させる背景にあるものは何なのか、また、「健康な世界観」と「不健康な世界観」とを区別させるメルクマールは、いったい如何なるものなのか。

因果律について理論的・哲学的な考察に赴かせる要因は、一般的には様々である。科学におけるパラダイムシフトや顕著な社会的変革は、いずれも因果律についての反省に誘うものであろう。井上の場合はどうであったのか。また、世界観について「健康」や「不健康」を云々することは、ニーチェに見られるように、社会的価値観の鋭い断絶の意識を背景に生ずるものであろう。井上の場合はどうなのか。

井上が強調する「原因結果の規律によって支配」されるという表現において、その強調点は、たんに因果律の肯定にではなく、その「支配」にあるように思われる。すなわち「支配」とは、たんに因果律一般のことではない。そこでは特殊な因果律がイメージされているのである。そしてここで、井上が「支配」という言葉でイメージしている特殊な因果律とは、進化論的な適者生存の世界であり、弱肉強食の現実であり、より具体的には列強対峙の帝国主義の環境であろう。

因果律の「支配」する、こうした具体的な「世界」をイメージして、それを背景におくときに、「健康な世界観」なるものの意味が、はじめて理解されてくるように思われる。井上にとって、「健康な世界観」とは、〈国民道徳〉を肯定し、それを積極的・肯定的に基礎づけるものであった。そのとき、「宗教（キリスト教）」も「北方の仏教も吠壇達派と大同小異の唯心論」のうちに組み込まれることになる。

キリスト教と国家の衝突をめぐる周知の大論争は、宗教と国家の関係をめぐる一般的な問題なのではない。井上による、いささか杜撰な問題提起が、かくも大きな社会的反響を呼び、熱く論争されたのは、近代日本における「宗教」の去就に関わる性格をもっていたからである。「宗教」は〈哲学と宗教〉という思想空間のなかに新たに再編され、解消したのである。そのこともまた、「近世」の継承であった証しであろう。

デカルトによるコギトと同じく現象即実在も、ともにシンプルな一つの「確認」である。その含意の展開をまって、はじめてその意義が明らかになる。どのような展開になるのかが問われる。コギトの描いた西洋近代哲学と、現象即実在が描いた日本近代哲学とは、かくして「個別的普遍」として比較の対象となろう。

註

（1）『近世思想家文集』岩波書店、一九六六年、四二五頁。

(2) 近代デジタルライブラリー、復刻版、コマ番号四六。

(3)『陸羯南全集』みすず書房、一九六九年、第三巻、四一四~六頁。なお神道理解をめぐる井上哲次郎と井上毅との関係については、齊藤智朗『井上毅と宗教—明治国家形成と世俗主義—』(弘文堂、二〇〇四年)が論じている。

(4) この点については、磯前順一『近代日本の宗教言説とその系譜—宗教・国家・神道—』(岩波書店、二〇〇三年)を参照。

(5) 渡部清「井上哲次郎の哲学大系と仏教の哲理」(上智大学『哲学科紀要』第二五号所載、一九九九年)が既に指摘している。

(6)『明治哲学思想集』筑摩書房、一九七四年、一五五頁。

あとがき

前著『「もの」の思想』の続編を書くつもりであったが、結局は、「疎外」をめぐる議論に終始してしまった。「もの」について考えるなか、その基本性格として文脈性と両義性を取り出した。しかしまた、この二つがどのように関わり合っているのかについては、あまり深まらないままでいた。

そこで考えついたのが、疎外の観念であった。疎外の再検討という課題は、早くから意識されていたが、「もの」と関わらせて論じてみようと考えるようになった。この二つを関わらせることで、新たな局面が切り出されるのではないかという漠たる予感の下に、執筆に取りかかった。

そのさい留意したことは、疎外を根本的に捉え直すことが、文脈性と両義性の関わりを流動化させることになるのではないかという期待であった。〈生きられた過程〉として疎外を捉えることによって、ようやく文脈性と両義性の関わりが具体的に少しは見えてきたように考えている。

検討作業のなかで、「無」や「ズレ」といった新たな概念を導入することになった。叙述をただ難解なものとさせるだけではないかという危惧もあったが、しかしまた、こうした表現が切り開く世界に魅せられていった。

そして今、距離を置いて振り返ってみれば、こうした世界については、既に多くの先人が語り尽くしてきたことではないのかという想いが改めて湧き上がってくる。自らの途を歩んできたつもりであったが、たどり着いた所は、じつは見慣れた、きわめてありふれた風景であった。

ここには戸惑いの感がある。これまで個別の思想史研究に没頭してきたわけであるが、こうした作業に通底していたものを取り出し、改めて確認することができたことは、たしかに一つの成果であり、一応の帰結である。安堵の感がある。

しかしまた、そこに安住できない違和の感を強くする。生きられた過程としての疎外が、そうした安住を拒絶している。別なる異なった境位のうちに生きることが強いられる。それは進歩や前進ではない。また、旅人の境地でもない。疎外を生きることは、そのうちに深い懐疑を含み、たえず試される営みである。

今後、さらに研究対象を拡大し、その領域を広げたい。日本近代の思想を理解するには江戸の「近世」が視野に入っていなければならない。それは、輸入の「哲学」が日本哲学となるために不可欠の要件である。哲学を哲学として普通に語るには、今しばらく時間がかかりそうである。

本書の成り立ちについては、以下の諸論文に基づき、大幅な改稿のうえに成り立ったものである。

「疎外について（一）～（五）」『哲学と現代』（名古屋哲学研究会編）、第二七号～第三二号、二〇一二年～二〇一七年（刊行予定）。

「『思想』と『哲学』の〈間〉――『日本倫理思想史』（和辻哲郎）への一視角」、河北民族師範学院学報（中国）、二〇一五年、第三五巻第四期、翻訳草稿。

「井上哲次郎の現象即実在論について――明治期日本の思想空間」、『中部哲学会年報』、第四七号、二〇一四年。

最後になりましたが、刊行に関わって謝辞を述べさせていただきたい。当然、多くの方々のお名前を記さなければならないが、ここでは失礼させていただく。ただ、文理閣編集者である山下信氏が示された多大のご援助については、ここで感謝の意を述べさせていただきたい。その長きにわたる交友と対話なしには、本書の刊行はあり得なかった。多くの楽しい会話が、この難渋した抽象的な議論を背後から支えてくれている。ただ、感謝あるのみである。

二〇一六年一一月

津田雅夫

著者紹介

津田雅夫（つだ　まさお）

1948 年　大阪市生まれ
1972 年　名古屋大学文学部哲学科卒業、同大学院博士課程単位修得退学後、同文学部助手を経て
現　在　岐阜大学名誉教授
専　攻　思想史
著　書『増補　和辻哲郎研究―解釈学・国民道徳・社会主義―』（青木書店、2014 年）
『「もの」の思想―その思想史的考察―』（文理閣、2011 年）
『戸坂潤と〈昭和イデオロギー〉―「西田学派」の研究―』（同時代社、2009 年）
『人為と自然―三木清の思想史的研究―』（文理閣、2007 年）
『和辻哲郎研究―解釈学・国民道徳・社会主義―』（青木書店、2001 年）
『文化と宗教―近代日本思想史序論―』（法律文化社、1997 年）
『マルクスの宗教批判』（柏書房、1993 年）
『〈昭和思想〉新論―二十世紀日本思想史の試み―』（編著、文理閣、2009 年）
『遺産としての三木清』（清眞人、亀山純生、室井美千博、平子友長との共著、同時代社、2008 年）
『現代人間論への視座―文化・生活・意味―』（岸本晴雄との共著、法律文化社、1993 年）
ほか

「もの」と「疎外」

2017 年 2 月 20 日　第 1 刷発行

著　者　津田雅夫
発行者　黒川美富子
発行所　図書出版　文理閣
京都市下京区七条河原町西南角〒600-8146
TEL（075）351-7553　FAX（075）351-7560
http://www.bunrikaku.com
印刷所　モリモト印刷株式会社

ISBN978-4-89259-805-0